Active Learning 3rd Step

アクティブラーニング入門3

小林 昭文
産業能率大学教授

産業能率大学出版部

はじめに

この本は、『アクティブラーニング入門』（二〇一五年四月発行）、『アクティブラーニング入門2』（二〇一七年七月発行）（小林昭文著／産業能率大学出版部発行）に続く第三巻です。前の二冊では「私が新しい授業をどうつくってきたかの概要」と、「その背景にある考え方やスキル」について詳述しました。この「入門3」では一転して、「組織的に授業改善を進めるための具体的な方法」を中心に取り上げました。以下の五つの特徴があります。

第一は全て現場で編み出され、現場で鍛えてきた方法です。それ故、小中高校、大学・短大、専門学校などの全ての校種で組織的な授業改善の実践に役立ちます。同時に組織外の指導者にいつまでも依存することなく、自律的に継続できる方法です。

第二は本書の中で提案する「研究授業見学の方法」「授業者を傷つけない振り返り会」「授業研究週間（授業互見週間）の活性化方法」などに使用するスクリプトやワークシートのデータはいつでもダウンロードでき、必要なアレンジをして、すぐに現場で校内で使用できます。

第三はここで提案している活動は全て授業者同士が「主体的・対話的で深い学び」を実現する方法として構成しています。授業者がこれらを体験的に学ぶことで、児童・生徒・学生の学びの質を高める方法とスキルを理解することができます。

第四はここで紹介する方法の理論とスキルは大半がビジネス社会で開発・利用されて成果を上げているものばかりです。これにより、学校内で仕事をしている先生たちに「現実社会の在り方」を理解してもらうのにも役立ちます。また「社会に開かれた教育課程」や「カリキュラムマネージメント」のヒントとしても役立ちます。

第五はこのような学びを積み重ねて授業改善をすることが、単に生徒の利益になるばかりではなく、授業者の人生を豊かにすることにもつながることを「ライフシフト」や「ダウンシフト」の考え方に基づいて解説しています。「仕事だからやる」「校長に命令されるから仕方なしにやる」だけではない、豊かな視点を持つことができるはずです。

〈「新しい授業」を見学する方法と学び取る方法がない〉

近年、「アクティブラーニング（AL）」や「主体的・対話的で深い学び」という言葉で授業の形態は大きく揺さぶられた感があります。様々な研修会では「板書・ノート」に代わりプロジェクター、KP法、タブレット端末などが盛んに利用され始めました。ペアワークやグループワークも当たり前のように行われます。以前は絶対に許されなかった「おしゃべり・立ち歩き」が今では大手を振って歩いていると言っても過言ではなさそうです。

しかし、それだから「良い授業」なのでしょうか？　これらの授業をあちこちで見学して回った、様々な道具やワークを取り入れると、生徒に「主体的・対話的で深い学び」が実現するのでしょうか？　授業を見学する先生たちは「登壇する授業者」が使いこなす道具や子どもたちを自在に動かすワークの鮮やかさに目を奪われます。それはワンウェイの授業が横行しているときに、授業者の派手なパフォーマンスに目を奪われていたのと同じなのではないでしょうか？

一〇年ほど前に「新しい授業」を実践し始め、同時に校内で「組織的授業改善」に取り組んだ時に私たちが衝突した壁が今、全国でさらに大きな壁となって立ちふさがっている気がします。この壁を乗り越える考え方と方法をこの本では詳細に展開します。

〈「新しい授業」に全く踏み出せない授業者と元に戻る授業者の皆さんへ〉

この数年間、毎年一〇〇回前後の研修会講師を務めている私は現場の先生たちの声を直接聞く機会が多くあります。その中で気になるのは、一見授業改善はものすごい勢いで進んでいるかのように言われるものの、現場では「誰もやっていません」「一人二人かな？」という学校も多くあることです。そこには「なぜ変えなくてはいけないのか全くわからない」「あんなチャラチャラした授業より、授業者がじっくり話し、生徒がしっかり聞いて考えるほうがよほどまともで成績も上がると思う」といった意見が多々あります。先端の研究をしている人たちの中にも「ＡＬか講義かを対立軸としてとらえるべきではない。講義中心でも良い授業は多い」という意見も出てきています。この状況では反対意見を唱えている人たちはますます「新しい授業」に踏み出さないことになりそうです。

一方で一定期間「新しい授業」に取り組んだ先生たちに「やめてしまいました」とおっしゃることも多くあります。その理由は「教科書が終わらない、成績が下がった、準備にくたびれた、生徒・保護者からクレームが来た、管理職からやめろと言われた」などです。

これらの問題は個々の事象に対する原因究明と改善策が不足したのも一因ですが、もっと大きな理由は「組織的な取り組み」が行われていなかったからだと私は感じています。この本ではこれらの問題を整理し、現実的な打開策を提示していくことにします。

二〇一九年七月

小林昭文

もくじ

3章 現場に応じた様々な工夫と気がかり

1章 越ケ谷高校授業研究委員会物語

～困難を様々な発明で乗り越えた四人の物語～

まだ「アクティブ（・）ラーニング」という言葉が日本ではほとんど知られていなかった二〇〇七年四月に、埼玉県立越ケ谷高校に新しく多くの教員が転任してきました。そのうちの三人が（全く面識もなかった三人が）、それぞれに当時としては変わった授業を実践し始めました。また、その年度途中に「授業研究委員会」が設置され、学力向上を目的として活動し始めました。ここに前年度からいた教員が一人入り新しい授業にチャレンジし始めました。この四人の仲間で、その後六年間の委員会活動を楽しみました。

とは言え、内実は大混乱とドタバタ劇の繰り返し。でも、これらはどこの学校でも起きていることなのではないかと想像しています。その体験の中で編み出した様々な授業改善を目的とした組織開発の手法は第2章以降に詳述しますが、まずは、一〇年前の埼玉県立越ケ谷高校の「物語」をお楽しみください。

01 プロローグ

実は楽しかった一〇年前

私が「一〇年前（二〇〇七年）に高校物理授業の大改革を実践して成功した」「当時はアクティブ（・）ラーニングという言葉も日本にはなかった」「同時に組織的な取り組みにもチャレンジして、〈授業者を傷つけない振り返り会〉〈授業見学用ワークシート〉などを開発して、校内の授業改善を推進していた」などと話すと、「小林さん、ものすごい実践ですね」「それはきっと辛くて大変な活動だったんでしょうね」「そんなものすごいことをやってのけるエネルギーはどうやってつくったのですか？」と驚嘆し、口々にほめていただけます。

しかし、私はそれほど苦労していたわけではありません。むしろ、二五年間の高校教諭の生活の中では最もストレスが少なく、けっこう楽しんでいた最後の六年間だったとも言えるほどです。その理由は、仲間です。偶然出会った私も含めて四人の仲間がいたということが大きなチカラでした。まずは、その四人の紹介から始めることにします。

偶然の出会いから始まった物語

まずは私から。二〇〇七年（平成一九年）四月、私は埼玉県立越ケ谷高校に転勤しました。

三五歳で県立高校教諭になり、県立和光高校に一一年間、県立浦和東高校に五年間、県立岩槻高校に三年間在籍して、四校目の学校でした。この年度の八月で五五歳になる私にとっては定年退職前の「最後の勤務校」になることはほぼ間違いない転勤でした。理科（物理）、二学年副担任、生徒指導部（教育相談係）、軽音楽部顧問に配属されました。

同時に県立大宮高校から転勤してきたのが三上旭さん（現・川口市立高校教諭）。当時、四三歳、英語担当。英語の世界では指導的な立場にあり、しばしば県内・県外で研修会講師を務めていました。越ケ谷高校の卒業生で、「母校に戻りたくて仕方なかった。戻れてうれしい」とよく話していました。学年外、教務、バレーボール部顧問に配属されました。のちに設置される授業研究委員会の委員長として、実に困難な舵《かじ》取りを続けてくれた最大の功労者です。

次は初任者の下山尚久さん（現・埼玉県教育局人事部）、当時二七歳、理科（生物）担当でした。大学では生物学を専攻し、大学院では教育学を学んできた方です。彼のこの分野に関する豊富な知識と、初任者としての素朴な感覚・意見が委員会活動の大きな力になりました。

そしてもう一人は、私たちより一年早く越ケ谷高校に赴任していた竹部伸一さん（現・県立川口高校教諭）、当時四五歳、国語（古典）担当。当初、授業改善に興味のない人だと私は感じていました。ところが、委員会活動が始まると、積極的に参加してくれました。そのうち、「いや〜、三上さんの英語の授業はいいですね〜。これは私の古典の授業でも使えそうです。やってみますね〜」と言い、すぐに授業を変えてしまいました。この柔軟性と穏やかさが委員会活動を支えてくれました。

仲間をつくる・仲間を待つ：無理をしない

研修会講師として日本中の多くの先生たちにお会いしてきました。個人としてはすごい授業を実践して見せてくれる先生たちです。雑誌やネット上の記事にも登場するし、セミナーなどでもあちこちで登壇されている方々です。それらの先生たちが「現場は大変」と愚痴をこぼす場面を何度も見てきました。「小林さんも、大変だったでしょ」と水を向けられたり、「どうすれば現場は動くのですかね？」と問われたりしたことも多々あります。

そんな実績を持たない先生たちはもっと深刻です。私が登壇するセミナーなどでは、生々しい現実を聞かせてもらうこともあります。「グループ席にしただけで叱られました」「アクティブラーニングに賛成と言ったら、『お前は管理職の回し者か』と言われて四面楚歌《しめんそか》です」「アクティブラーニングの研修会に行くと言っただけで、『そんなものは絶対に役に立たない』と白い目で見られています」など。時には個人的に相談の時間をとったこともあります。

そんな四面楚歌の状態で孤軍奮闘することを私はあまり良いと思っていません。私は多くの場合、こう答えています。「三人、仲間を見つけましょう。いなければ、見つかるまで一人でチマチマ授業実践研究をしましょう。待っていれば仲間になる人が転勤してくるか、自分が仲間のいるところに転勤しますよ」。私は私立学校でもこれは当てはまると思っています。

なぜなら時代が動いているからです。以前からの同僚がどこかで何かに出会って、授業改善に興味を持つということが起きます。あるいは、外部から登用されてきた校長先生が授業改善の必要性を感じていて授業改善を呼びかけるということが起きるからです。後者はまるでテレビドラマのような話ですが、このどちらも私が関わっている学校で起きていることです。

くどいようですが組織内で対立を激化させないことです。スティーブン・R・コヴィー著の『七つの習慣』（一九九六年、キングベアー出版）で言う、Win-Lose の関係になると本末転倒の闘いになります。一人で他の全員に対して批判的になると組織内での対立構造が深まります。『七つの習慣』では Win-Win が望ましいけれども、それができない時は「No-Deal（勝負なし）」が良い、と言っています。アクティブラーニングの是非は「いったん棚上げして」他の業務を協調して進めることです。そこで信頼関係を築くことが、いずれ訪れるチャンスに有効に働きます。

越ヶ谷高校の授業研究委員会活動方針の第一は「無理をしない」でした。仲間が一人もいなくても教諭である以上「授業を行う」ことを奪われることはないはずです。研究は続けることができるということです。そして「待てば海路の日和あり」です。いずれ援軍は現れます。

三上旭　氏

02 仲間との出会いが創り出した活力

プロジェクター騒動

三上さんとの最初の出会いで印象的なことはプロジェクター騒動でした。私は前任校時代にすでにプロジェクターを使う授業を始めていました。きっかけは「絵を描くのが苦手」な私が初めて生物を担当したことでした。生物の授業では「絵が描けない」のは致命的です（物理では図が書ければよいのです…）。困った私を助けてくれたのは非常勤講師の若い先生でした。「小林さん、パワポとプロジェクターを使えば絵を描くより効果的だと思いますよ」。早速、当時、埼玉県が使っていた自学システムを使ってオンラインで学び、基礎を習得して使い始めました。

この魅力は大でした。物理授業でも使い始め、やがて、毎時間、教室に持っていくようになりました。当時、県立高校には三台のプロジェクターが配置されていましたが、誰も使わないので私が一台を独占しても何の問題もありませんでした。しかし、転勤が決まって、「越ケ谷高校では全日制に二台」と聞いて青ざめました。

そこで一計。前任校の校長に「二か月間の借用書」を出してプロジェクターを借り、四月から越ケ谷高校・物理室に設置して授業を始めました。既成事実をつくって交渉しようという魂胆でした。「今、借り物のプロジェクターで授業をやっています。生徒には好評です。これがないと授業ができないので、何とか物理室で一台使えるようにしてください」と殺し文句を用意して、校長・事務長との交渉に臨みました。

すると…「おや、また？　英語の三上先生も欲しいと言っているよねぇ〜。事務長さん、これからは必要だね。何台か購入できませんか？」と校長。「そうですね。二〜三台購入しましょう」「じゃ、小林さん、物理室に置くのは古いやつでよいですか？」とあっさりOKが出ました。

むしろ、「英語の先生がプロジェクター？」のほうが気になってしまいました。早速、三上さんのところへ行き、「プロジェクターを使う英語の授業を見せてくれない？」と頼み込みました。

驚きの三上さんの授業

見学に行って冒頭で愕然《がくぜん》としました。教科書の本文を黒板にプロジェクターで映し出しているのです。十二年前です！　私は想像もしていませんでした。さらに「この問題の答えは何だと思いますか？　Aだと思う人は指一本で手を挙げて。Bだと思う人は二本ね…」と指示しました。これも初めて見ました。生徒は全員手を挙げます。「うまいっ！」と思わず声を出してしまいました。今では「グー、チョキ、パーで手を挙げる」は全国的に知られてきました。それを三上さんは一二年前に毎日のようにやっていました。新しい授業を構想していた私には衝撃の連続でした。

これがきっかけになり、三上さんとしばしば話すようになりました。ICリテラシーの高い三上さんには、その方面でも色々と教えてもらいました。今の私には手放せなくなったグーグルカレンダーによるスケジュール管理も、彼から盗んだものです。

下山さんの博学とチャレンジ

下山さんは『学び合い』（西川純）に挑戦していました。私は名前だけは知っている程度。「良い本はない？」と尋ねるとドラえもんのポケットのように本を紹介してくれます。「学びの共同体」「協同学習」などについても下山さんのリードで学びました。彼は私の「知恵袋」でした。

さらに彼のパワーは「素朴な質問」を出せることでした。「それってどんな根拠があるんですか？」「どうして学校ではそんなやり方をするのですか？」などなどの質問は、私たちが「暗黙の前提」としていることに気がつくきっかけになりました。この本で紹介する私たちの発明の多くは彼の疑問・質問から始まったと言ってもよいくらいです。

なお、私が「学び合い」や「学びの共同体」の方法をとっていないことを「小林はこれらに対して批判的」と誤解されているようなので、ここで触れておきます。私はどちらもやりたかったのです。「批判的にやらなかった」のではなく、「できなかった」だけなのです。「学び合い」のような「説明なし」の授業をやりたくて生徒に提案したら、猛反対に会いました。「説明なくてできない」「パワポの説明をやめないで！」でした。仕方なく説明を入れることにしただけです。

「学びの共同体」もやりたかったのです。しかし、固定テーブルの物理室では「コの字型」に席を動かすことができなかったのです。さらに「四人組」もつくれません。その上、男女二名ずつの「市松模様」もできないのです。物理を選択する女子は一～二割でしたから（涙）。様々な理論は大事ですが、それ以上に現場を大事にしていただけのことです。

竹部さんのリテラシーと特異な力

たぶん竹部さんは「変な人」の部類です。ご本人もそう言っているのでここで書いても大丈夫だと思っています。権威をものともしないし、場の空気も読まないし、自分の信念を淡々と貫きます。しかし、よく見ていると教員としてのやるべきことをきちんとやり続ける人です。私や三上さんや下山さんたちの授業を見て、「これは役に立ちそう」と思えば喰《く》らいつきます。自分のそれまでの授業スタイルをあっさり変更します。

彼は「僕は小林さんの一番弟子ですから」とあちこちで公言します。「俺は弟子はとらないよ」といつも私は言います。普通の人は私がこういうと「弟子だ」と言わなくなります。竹部さんはケロリとして今でも言い続けています。不思議な人です。へこたれない人です。その安定感が委員会を支えてくれました。チームにはこういう人も必要です。

ビジネス界では「多様性・ダイバーシティー」が重視されています。同質の人たち、何でも賛成する人たちのチームには疑問があります。反対意見も疑問も出せなくなるからです。「異質な意見を許容するチーム」こそ、強いチームです。現場でチームをつくる時には意識して欲しいことです。

竹部伸一　氏

03
「研究授業・研究協議はイジメですよ！」

校長が動いた…

授業研究委員会は当初「学力向上連絡協議会」という訳のわからない名称で年度途中に設置されました。原因は校長の授業に対する大きな不満でした。私たちと同時に越ケ谷高校に赴任した校長は早速、授業を見て回ったとのこと。その結果は…。

「いやあ、驚いたよ。どのクラスにも必ず寝ている生徒がいる。隠れてマンガ読んでいる生徒もいる。そんな生徒がある程度いるのは仕方ないと思うけど、一番驚いたのは先生たちが、それを見ていないか、見ても注意しないことだよ。これはひどいよ」

これを何とかしろ！　が設置理由。しかし、当時の越ケ谷高校には校長の指示「だから」反対する人たちも多数。その指示に従う三上さんも、「とんでもないやつだ」と攻撃される始末。これはかわいそうでした。それで、私も少しばかり設立に向けて援護射撃をしました。

面倒なタスクを背負った委員会

年度途中で設置された「協議会」は、翌年度当初に「委員会」に格上げされ、本格的な活動に入りました。委員会に改組すると同時に背負ったタスクが「研究授業・研究協議」と「授業見学週間」でした。この二つを「活性化せよ」と言われても、いずれもかなり困難な課題でした。

なぜなら、「研究授業・研究協議」は毎年十数人やってくる教育実習生のためには実施していたものの、それ以外に実施されたことはほとんどありませんでした。これは小中学校の先生たちから見ると「信じられない」ことかもしれませんが、当時の高校では散見される事実でした。

さらに「授業見学週間」も難題。年間行事予定表には、毎年、年に一〜二回、各一週間程度「授業見学週間」と記載されています。しかし、それは月曜日の朝に管理職から「今週は授業見学週間ですから、お互いに授業を見学してください」と「連絡」があるだけ。「誰も行かない」と言っても過言ではありませんでした。

これもどこでも一緒でした。当時、某県立高校で行われた授業改善の研究発表会があり、私も見学に行きました。実施内容の中に「授業見学週間」と書いてあったので、「この見学週間の期間に他の先生たちの授業を見に行った人は何人ですか?」と質問したところ、「把握していません」と校長先生の回答。終了後、同校にいた知り合いの先生に捕まりました。「小林さん、あそこを質問しちゃだめだよ」「なんで?」「だって、誰も行っていないんだから。校長も知っているからあんな回答さ。焦ったみたいだよ」。そんな状況が全国的だったのだろうと思います。

「研究協議はイジメですよ!」

そんな状況の中で「研究授業・研究協議」の計画作成の話し合いでの出来事は衝撃的でした。

「研究授業と研究協議、やるんですか?」

03 「研究授業・研究協議はイジメですよ！」

「タスクだからね」

「やりたくないですね～」「うん？　なんで？」

「だって、あんなのイジメじゃないですか？」…場が凍りつきます。

「研究協議の授業者ってみんなやりたくないから、若い人に押しつけるじゃないですか。その結果、反論できない弱い立場の人が嫌々授業者をやりますよね。で、研究協議では見学した人が授業のあら探しを延々言う。授業者は黙って聞いているだけ。イジメですよ。そんなのやりたくないですよ」

この発言は誰もが薄々感じていたことを、明確に言語化したという点で実に物すごい発言でした。

私はこの時思い出したことがありました。大学の時の後輩女性が小学校教員になってすぐに帰宅途中、鉄道自殺をしたという出来事がありました。彼女の仲の良い友人からあとで聞いたところでは、その直前に「研究授業・研究協議」があり授業者だった彼女は責められ続けて落ち込んでいたとのことでした。そのことを知っていた私が、それを忘れかけていて提案していたことが我ながらショックでした。

これが全国的にも共感してもらえると感じたのはその翌年のことでした。「研究協議はうっかりするとイジメになりかねない」とある全国大会の発表者として発言しました。その分科会には約三〇〇人が参加していました。笑う人、深くうなずく人、苦笑する人…会場全体がどよめくのが壇上からよくわかりました。

終了後、多くの人たちから「よく言ってくれました」「同感です」「見過ごせないことですよ」と声をかけられました。肩をたたいてくれた方もいました。全国の先生たちが感じていることなのだと、自信を得ました。同時に「誰もが知っているけど、誰も本気で解決しようとはしない…一種のタブーなのだ」と痛感しました。

このタブーに挑戦したのが授業研究委員会だったと言えるのかもしれません。

04 タブーへの挑戦と多くの現場で確信した有効性

一四〇年間、変わっていない!?

「研究授業・研究協議はイジメだからやりたくない」という気持ちは同感。しかし、タスクを放棄できない。「イジメではない方法でやればよいのでは?」「そんな方法あるの?」「全国でやっているのだから、一つや二つは違う方法があるんじゃないの?」「そうですね。じゃ、手分けして探してみますか」…ということで、次の委員会までに探すことになりました。

二週間後。結論は「ない」でした。これには驚きました。授業改善に関する文献を少し調べると、様々な授業手法が紹介されています。「手法ごとに」研究会や学会や団体が設立されているのは奇妙なことですが、もっと奇妙なのは「どのグループも研究授業・研究協議の方法は大同小異の形式であること」です。ある文献には明治初期から現在と同じ形式の「研究授業・研究協議」が行われていて「…みんなに責められてへこんだ」という記載すらあるとか…。それから約一三〇年。全く変わっていないとは!?

問題解決策の要点は「本質把握」

「仕方ないね。私たちでつくりましょう」が委員会の結論でした。一〇年後の現在、「研究協議の方法」はいくつも編み出されていることを知っています。しかし、それほど高い効果を上げているようには見えません。

その理由は「問題の本質を見定めていない」ことが第一だと思います。例えば話し合いのプロセスを「見える化」するために模造紙や付箋紙を使う手法を見学したことがあります。「この方法の目的は?」と質問すると、「見える化することです」と答えが返ってきます。私はそれはあまりにも表層的な考え方だと思っています。

「研究協議」の方法を根本的に変えるのなら、まずは「何が問題なのか?」を突き詰めることが必要になります。KJ法的に言えば「本質追求ラウンド」が大事です。アクションラーニング的に言えば「(問題の)再定義」が不可欠です。

私たち委員会の本質把握は簡単明瞭でした。根本問題は「研究協議で授業者が傷つくのは問題だ」です。次が「全員の学びになる構造がないのが問題だ」であり、第三は「意欲的に授業者をやる人が出てこないのが問題だ」でした。第一と第二が解決すれば第三の問題は自動的に解決するととらえていました。その意味でも「イジメだ!」は重要な視点でした。

「授業者を傷つけない振り返り会」の発明

とは言え、「じゃ、つくろうか」と言ってもつくるのはそう簡単ではありませんでした。解決策のヒントになる理論や技法を探し続けました。ピンときたのは、「大切な友だち critical friend」と呼ばれている技法です。『効果10倍の〈学び〉の技法』(吉田新一郎著、二〇〇七年、

ＰＨＰ新書）に紹介してあるものを中心に、吉田氏のその他の著作も参考にしました。後に吉田さんに会って「あれは、レグ・レバンス（英）のアクションラーニングですよ。イギリスではレバンス流のアクションラーニングがあちこちで使われています」と教えてもらってびっくりしました。

なぜなら、私の物理授業改善の柱になっている理論とスキルも「アクションラーニング」だったからです。私が学んだのはジョージワシントン大学院のマーコード教授発案のマーコード方式でしたが、授業改善に使った理論と組織開発に使った理論が同一の土台にあるということは、その後の私の実践と研究の大きな力になりました。

繰り返し効果を発揮する「振り返り会」

越ケ谷高校内で恐る恐るこの「授業者を傷つけない振り返り会」を初めて披露したのは二〇〇八年六月のことでした。結果は大好評。「これ面白いね」「質問だけというのは、ちょっと窮屈だけど重苦しくないね」「教科を超えてヒントを得られるのがいいよ」…そして何より、授業者が「授業者をやってよかった！　こんな振り返り会なら何度でも授業者をやりたいです！」と喜んでくれたことが最大の成果でした。

その後、越ケ谷高校を会場として行われた公開授業などの研究会で毎回これを使いました。参加した大半の方が、不思議な形式に戸惑いながらも、終わると絶賛してくれました。

それに勇気づけられて、私は定年退職後に研修会講師として複数回呼んでいただいた学校、つまり本気で組織的に変革したいと考えている学校にはこの方法を教えました。その結果、この方法を継続的に使っている学校では自律的・継続的な授業改善が続き、質的向上が実現しています。

雑誌※でも紹介したので、ここからワークシートなどをダウンロードして使っている方もあります。「授業者を傷つけない振り返り会」で検索すると、色々な学校や研修会で使われていることがわかります。これらの事実からこの方法に効果があると自信を持っています。

ただ、様々な誤解もあるようです。本書はこの「授業者を傷つけない振り返り会」に関する初めての詳細な解説書です。細部まで読み取っていただいて、より効果的に現場で活用していただきたいものです。

※キャリアガイダンス（リクルート）VOL.405

はじめての「振り返り会」

2章 「振り返り会」の進め方

越ケ谷高校・授業研究委員会が約一〇年前に発明した「授業者を傷つけない振り返り会」と「授業見学用ワークシート」は、現在ではかなり多くの個人や学校で利用されています。

実際に使ってみた方の好意的な感想や、組織的な取組みに効果があったというお知らせをいただいて自信を得ています。

本章では、その実際を丁寧に解説します。ここから先を読む前に、別冊の「ワークシート」をご覧ください。それだけでも使えるようにつくってありますが、本文ではその背景理論や使い方の具体例及び留意点などについて順に詳細に述べていきます。

05 「授業者を傷つけない振り返り会」の目的と特徴

別冊ワークシート❶参照

「授業者を傷つけない振り返り会」の名称について

本書付属のワークシート①の振り返り会のマニュアルをご覧になりながらお読みください。A4サイズ、二ページの資料です。私が研修会などで使う時はA3サイズヨコにして見開きで見てもらうようにしますが、ワークシートのようにA4サイズ両面印刷でもさほど支障はありません。

まず、名称ですが本節の冒頭にあるように長いのです。「授業者を傷つけない、参加者全員がヒントを得て帰る『振り返り会』」と称していました。長いので通常は私も「授業者を傷つけない振り返り会」と説明していますし、もっと短く「振り返り会」と言うこともあります。私は名称にこだわりがないので、現場でお使いになる時は自由にアレンジしてください。

一つだけお願いをするとしたら「小林方式の振り返り会」などのように私の名前を冠しないで欲しいということです。それでは皆さんが使う時に色々な意味で使いにくいと思うからです。例えば、他の「○○先生の□□方式の授業」を見学したあとに「小林方式の振り返り会」と名前をつけるとややこしいものです。私の授業形式やその他のワークシートなど全般にわたって、私は名前を冠することなく提供しています。その意図は、「本家争いをしたくないこと」と「アレンジを制限したくないから」です。どうかおくみ取りください。

「授業者を傷つけない振り返り会」の目的

振り返り会の三つの目的は、いずれも従来の研究協議方法に対する「改善点」です。

① 参加者全員が「自分の授業改善のヒント」を得る
② 授業者が「授業者をやって良かった」と感じるようにする
③ メンバーが「次は自分が研究授業の授業者をやりたい」と感じるようにする

まず①については「参加者全員の学びの場にする」ことが最重点です。これまでの研究協議は「授業者だけが自分の授業の欠点を知る」「授業者だけが学ぶ」形式をとっていたように見えます。本来はそうではなかったかもしれません、あるいは、全員が学ぶべきだと設定している研究協議があったかもしれません。仮にそうだとしても、「それを毎回明示すること」が大事です。この視点に立って、この目的を明示することにしています。

この発想の基は私の物理授業にあります。私の授業では毎回、「目的・目標」＝「科学者になる・科学的対話力を向上させる」、「態度目標」＝「しゃべる、質問する、説明する、動く（席を立って立ち歩く）、チームで協力する、チームに貢献する」と「内容目標（この内容は毎回変わります）」を明示していました。毎回確認するのは参加者のマインドセットを促すためであり、この「ルール」に沿ってリーダー（授業者・進行役）が働きかけますよと宣言することになります。

05　「授業者を傷つけない振り返り会」の目的と特徴

次に②についてです。この「授業者を傷つけない振り返り会」という言い方は、従来の方法に対するアンチテーゼであることを明示するためです。わかりやすくするために「傷つけない…」と表現しましたが、本質的には「授業者を守り、授業者が安全安心の場で学べるようにする」ことであり、それを見た参加者が「私が授業者になっても、こんな風に安全安心の場を維持してもらえる」と感じることが目的でした。これが実現できないと次の③は達成できません。

最後の③についてです。これは越ケ谷高校授業研究委員会としては切実な目的でした。この振り返り会に参加した人のうちから、「次は授業者になりたい」と思う人が出なければ、その次の「研究授業・振り返り会」を設定できないと思っていたからです。無理強いすればできないことではないのでしょうが、それでは「主体的な学び」を損なうことになります。

この発想は私が物理授業で心がけていたことと共通しています。それは授業の終わりに生徒たちが「楽しかった。次の授業も楽しみだ」「次の授業も出席したい」と感じるようにしていたことです。そのために「安全安心の場」を設定し、内容ができるだけ「わかる体験」になるように心がけ、毎回きちんと「振り返り」の時間をとってきました。この「振り返り会」でも同様です。参加した人たちが「次も参加しよう」「次は授業者をやろう」と感じるような運営を常に意識することが大切です。私はこの発想を、カウンセリングの初回面接の際にカウンセラーが目標を「次回面接の約束をとる」としていることから得ました。

「授業者を守る」という意識

前節の三つの目的を通して強く意識しているのは「授業者を守ること」です。これが司会進行役の最大の役割であり責任です。どんなに実力と自信のある授業者でも、大勢の見学者の前で授業を披露するのは緊張します。自分の欠点や至らなさを感じます。本番の授業が自分の思い通りにいかなかった場合には、「失敗した」「恥ずかしいところを見られてしまった」と感じています。

その不安が強い中で、「非難されたら」、誰でも萎縮してしまいます。それでは「振り返りと気づき」は生まれません。ただ「荒野で嵐が通り過ぎるのを背を丸めて待つ旅人」のような気分になってしまいます。これはグループワークを行う時のリーダーとしても大切なことです。

「振り返り会」で授業者が攻撃され、司会進行からも、メンバーからも守ってもらうこともなく立ちすくむ授業者の様子を見たら、誰が「次は私が授業者をやろう」と前向きになるでしょうか。逆に、批判されそうになった時に、進行役が素早くそれをガードしたら、どれほど心強いでしょうか。「進行役はあの授業者を必死に守ってくれた。私が授業者になった時も同じように守ってくれるに違いない」と思うはずです。

これは私が物理授業中に（大学の授業やセミナーの時も同様ですが）、最も気をつけていることです。それができなければ「安全安心の場」が確立できず、「対話的な学び」も「振り返りと気づき」も起きないからです。逆に言えば、「振り返り会」の進行をうまくできるということは、「新しい授業」の進行スキルも向上しているということにもなります。

06

「振り返り会」の特徴

八つの特徴

ここでは「振り返り会」の八つの特徴を紹介していきます。

① 指導助言者がいない（全員平等、対等が原則）

ここでの最大の狙いは学校が自律的で持続可能な授業改善ができるようにすることです。いつまでも外部指導者が入るようでは、指導者に対する依存性が高まり、教員集団の「主体的な学び」が起きにくくなるからです。なお、私は「対話的な学び」の継続がメンバー個々人の「主体的な学び」を実現するととらえています。

② 教科・科目を超えて行う（他教科の授業は大きなヒントになる）

詳細は後述しますが、教科科目を超えて行うことで、「コンテンツ（内容）」を学ぶことと、「プロセス（過程）」から学ぶことの区別を理解できます。これは「新しい授業」を構成したり、授業中に観察したり働きかけたりする視点を得るために不可欠です。

③ 進行役が進行し必要な介入をする（進行についての権限を持っている）

「全員平等・対等が原則」としながら進行役に権限を与えるのは、「授業者を守る」ことと、「学習を保証すること」の視点からです。ただ、チームが成熟してくると、メンバー同士が協力して、これを実行できます。それが望ましい形だと思っています。

④意見の対立・対決がない（安全・安心の場が「気づき（リフレクション）」を生む）

意見を述べることは、どうしても自己主張・他者批判の色彩を伴います。そのことが、反論・再反論などの対立関係を強化してしまいます。その結果は「勝ち・負け（win-lose）」の関係を生み出し、チーム学習を阻害しがちです。この「振り返り会」では、「質問と回答」の過程で、質問した人・質問に回答する人・そのやりとりを聞いている全員に「振り返りと気づき」が起き、その後の活動がより良い方向に転換することを通して、「両者勝ち（win-win）」の関係が形成されることを狙っています。

⑤メンバーが「ほめる」活動がある（他者の良い点を見つけるトレーニング）

詳細は後述しますが、正確には「良い点」「自分の授業に取り入れたい点」を見つけることが趣旨です。それを表現することが、結果的には授業者を「ほめる」ことになります。授業者にとっては「安全・安心の場」をつくることになります。そのことが授業者の「振り返りと気づき」を促すことになります。

⑥「建設的（critical）な質問」が最も重要（リフレクションを促す良い質問ができる力は「授業力」の一つ）

ハワイ大学名誉教授（二〇〇七年当時）の吉川宗男先生に「critic と critical は違う。critical は建設的と訳すのがよい」と教えてもらったことが私にとっては大きな学びになりました。厳密に言えば、日本語でも「批判する」と「非難する」は意味が異なります。

言わば「批判」は理性的であり、「非難」は感情的です。ここを明確にするために、あえて「建設的（critical）な質問」と表記しました。

⑦ **「ラブレター」を授業者に書いて渡す（言えなかった意見、アドバイスや情報提供はここで伝える）**

「授業者を傷つけない」ことを大事にしているため、アドバイス、情報提供、意見を伝えることができません。しかし、これでは、授業者とくに初心者の学びを損なう可能性があります。そこで「ラブレター」と名づけたワークシートにアドバイスなどを書いて伝えるしくみを入れました。運用方法の詳細は後述します。

⑧ **「リフレクション&アクションカード」を書く（自分のリフレクションを意識化・定着化することが狙い。さらに事後に共有できるように、まとめの資料を配付する。カードも返却する）**

これは授業者以外の全参加者に「学び」を起こすための大事な仕掛けです。これがないと言いたいことを言って終わり、になりがちです。毎回、リフレクションカードを書くことは、「コルブの経験学習モデル」の「振り返りと気づき」の力を向上することにもつながります。さらに担当者には少し手間ですが、参加者のリフレクションカードのコメントをパソコンで打ちなおして参加者に配布すると、お互いの気づきを共有し、さらに気づきを深める効果もあります。

コルブ（Kolb）の経験学習モデル

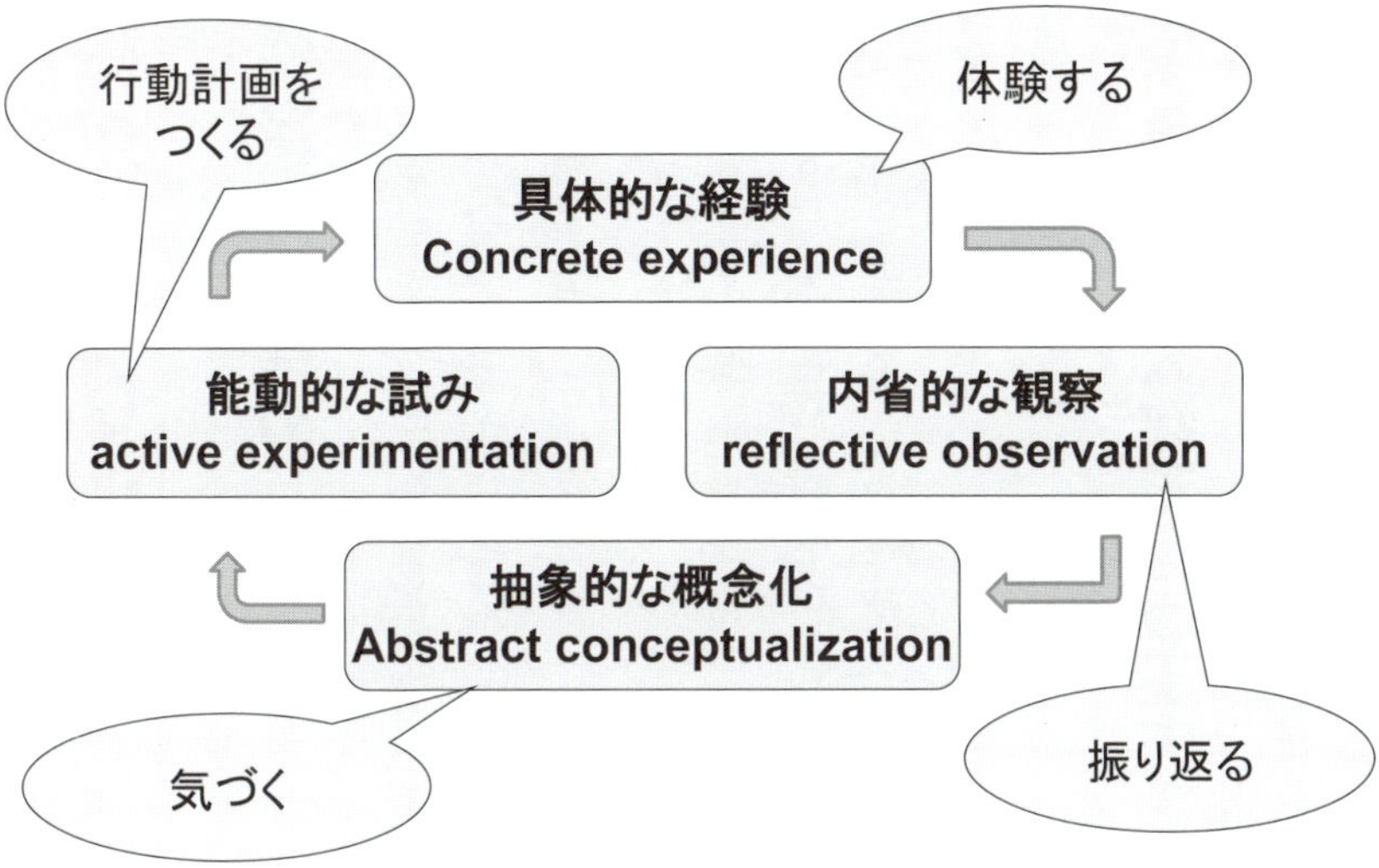

「最初の授業者のコメント」と「自評」の違いについて

恥ずかしいことに私は最近になって研究協議では「自評」がとても重視されていることを知りました。色々な人が本やブログで書いているのを調べると、「自評は単なる挨拶ではない」「事前に下書きしておくべき」「長すぎず短すぎず」などときびしい意見が並んでいます。これまでの研究協議のやり方に基づくと、自評は価値があると思います。

ただ、これと「振り返り会」のマニュアルの最初にある「授業者のひと言」は意義づけも内容も大きく異なります。「振り返り会」ではまさに「ひと言」。授業を終えてホッとしている気持ち、少々失敗したと感じている点などを話してもらって授業者に落ち着いてもらうためです。もちろん下書きも不要です。

07 開始終了の時間を守る

少人数の場合の進め方

ここからは「振り返り会」の進め方の詳細や留意点をおおむね手順に沿って述べます。まずは形式です。越ケ谷高校授業研究委員会では「振り返り会」は基本的には一〇人から一五人くらいで行うのが普通でした。そのために、一つのテーブル席か「ロの字」の形に机を配置して行っていました。人数が少なかったのは、その日の「研究授業」を見学して、さらに放課後の「振り返り会」にも参加するのは、忙しい学校ではなかなか難しいことだったからです。

人数を増やすための工夫は色々あります。それは後述しますが、私たちの実感としては「教科を超えた」一〇名前後で行う「振り返り会」は手ごろな人数だと感じていました。そこで、ここでは少人数での進め方を念頭に置きながら説明を進めます。大人数で行う場合の方法については後述します。

なるべく多くの人数で行う工夫

○ 同じ授業を二～三回実施してもらう方法

越ケ谷高校は総合選択制でしたので大半の授業は選択授業でした。二、三年生がクラス単位でまとまるのはSHRとLHRだけと言っても過言ではありませんでした。このシステムでは授業の交換はほとんど不可能でした。そこで私たちが編み出したのは授業者に「同じ授業を複数回実施してもらって見学できる授業回数を増加させる」方法でした。

例えば、「月曜一時間目の二年一組の英語」と「火曜二時間目の二年二組の英語」は同じ授業者の授業だとします。研究授業の対象となるこの二つの時間には全く同じ授業を実施してもらうということです。これは授業者にとってはさほど負担にはなりません。見学の先生たちには「どちらかの授業を見学して、火曜日放課後の振り返り会に参加してください」と案内していました。

○授業交換をして授業時間内に「研究授業＋振り返り会」を行う方法

これは和束中学校※の皆さんの発明です。授業時間交換をうまく調整して見学者が二時間続きの空き時間ができるようにします（授業者にとっては、授業時間＋空き時間となります）。

これを「一、二時間目」「三、四時間目」「五、六時間目」の三セットにします。最初のグループは「一時間目の研究授業を見学して、二時間目に振り返り会」を実施するという具合です。

この方法は放課後の時間を潰さなくても実施できるというメリットがあります。また、振り返り会を一時間の中で終わりにしなくてはならないという制約が、後述する時間厳守の振り返り会を実施することに役立ちます。

また、私が和束中学校に指導に伺う時には一時間目から六時間目まで授業と振り返り会を見学し、放課後に講義などを行います。この方法は魅力的です。

※相楽東部広域連合立和束中学校
小林の授業モデルを全教科で実施し続けて成績向上、居眠り皆無の成果をあげている。

07　開始終了の時間を守る

○一クラスだけ残して放課後実施する方法

一クラス以外の全校生徒を五時間目までで放課にして、残したクラスの生徒対象に研究授業を行い、その後、「振り返り会」を実施する方法です。これはよく行われているようです。教員全員で体験するのは良い方法ですが、全校の授業をカットする点で頻繁には行えないのが難点です。

配布資料、目的確認

次の三点を毎回配布していました。

①「振り返りマニュアル」……A４サイズ、二ページを両面印刷かA３サイズ片面見開印刷
②「ラブレター」……A４サイズ、片面印刷
③「リフレクションカード」……A４サイズ、片面印刷

外部からの参加者がある時には、受付で①〜③の資料と後述する「授業見学用ワークシート」を含めて、クリップボードに挟み込んでワンセットにして配布していました。時には「研究授業見学及び振り返り会に参加される方へ」などの案内プリントも入れていました。

これは研究授業を見学する時に「授業見学用ワークシート」に記入したことが「振り返り会」に必要になるということを案内するためでした。逆に言えば、この構造をアナウンスすることにより、研究授業を見学する人たちの意識が明確になることを期待しています。「授業見学用ワークシート」の裏には「振り返り会」との関連についても説明してありますから、時間のある参加者はそれを読み、「振り返り会」に向けて自分の発言を用意することもできました。これらの配慮は「振り返り会」における発言や質問の質を向上させるのに役立ちます。

開始とともに、進行役はまず「目的・目標」を読み上げます。これは、何度もやっているとだんだん面倒になりがちです。省略してもよい気になります。しかし、私はこれは意外に大事なことだと感じています。これは「目的・目標」の確認であり、「ルール」の設定です。教科授業で毎回同じでも、「態度目標」「タイムテーブル」を示すことと同じです。

時間厳守の大事さ

教科授業と同様に時間厳守は大事です。時間管理が学習の質を向上させます。まず大切なのは「開始時刻と終了時刻」をきちんと設定することです。マニュアルの「二進行手順」は四五分間で実施するように時刻を打ってあります。もし、時間をこれと異なる設定をする時は、事前にここを書きかえておきます。その上で職員室の連絡黒板などへの案内には、「開始時刻と終了時刻を明示する」ことをお勧めします。

大半の学校では会議連絡黒板に「開始時刻だけを示す」のではないでしょうか。私は埼玉県で教諭として四つの学校で勤務しましたが、そのいずれの学校でも会議連絡の表示は「開始時刻だけ」でした。しかし、これはどうやら学校独自の文化のようです。

高校教諭時代に私は一時期、いくつかの一般企業の人たちとお付き合いがあり、夜、会社内での会議や研究会に参加していました。一部上場の企業が多かったのですが驚いたのは、一八時以降の会議がたくさんあることでした。中には二三時開始などがありました。理由を聞くと「営業チームはみんなが戻ってくるのを待つと、そんな時刻になることがありますね」とのことでした。もう一つ驚いたのは、どの会議にも「終了時刻が示されている」ことでした。

「なるほど」と思った私はそれ以降、学校で私が招集する会議には必ず「開始時刻と終了時刻」を書くことにしました。そして、その通りに終わりにしていました。時には「小林さんの会議はいいよ。終わりが確実だから、そのあとの仕事を入れられるよ」「そうそう、私も部活指導に行くのに生徒たちに○時に行くから、それまでこれとこれをやっておけ、と言いやすくて助かるよ」などと言ってもらうこともありました。…しかし、私の真似をして終了時刻を明示する人は一人も現れませんでした。習慣やその社会の文化はなかなか変わらないものです。

時間厳守が授業の質を上げる

とは言え、授業改善を考える時にこの「時間厳守」はとても大事で大きな効果があります。私は物理授業の形式を大幅に変えた時に、「時間厳守」を意識して以下を取り入れました。

・開始チャイム終了とともに説明を開始する（「起立・礼」も省略。その代わりに私が物理室に一番乗りして個別に挨拶をしていました）。

・プリント配布返却の時間をなくすために入り口に並べておいて開始前に生徒がとるようにした。

・冒頭の説明は「一五分間」を厳守する。
・説明を効率化するために、繰り返しをしない、「あー、うー」を言わない。
・「確認テストは〇時〇分から」と明示し、時間厳守して実施した。

これらを毎日毎日守って授業を行うと、生徒たちの意識と集中力は確実に向上します。それと同じことが「振り返り会」にも言えると思っています。

最後に。時間厳守がなかなかできないのが開始時刻です。学校の会議では開始時刻になっても「〇〇さんがいない」「人数が少ない」などの理由で開始時刻を遅らせることがしばしばあります。これを続けるといつまでたっても遅刻する人があとを絶ちません。無視して時刻通りに始めることです。そうすると遅刻する人が減り、会議の質が上がります。

アドラーはこのことを「不適切な行為に注目するな」と言います。子どもが不適切な行動をするのは「注目して欲しいからだ」。したがって、「待っている」「注意をする」は、その目的を達成することになるから、不適切な行動が続くのだと言います。「遅れてくる人」も同じかもしれません。遅れてきても会議は進行していて、誰も注意も注目もしなくなれば、「不適切な行為をする意味がなくなるので遅刻は減少する」とアドラーは言います。私も授業改善の多くの経験から同感です。お試しください。

08

「ほめる」の理由と方法

論理的な構造

この「振り返り会」で一番狙っていることは「授業者に振り返りと気づき」が起きることです。次に狙っているのは「参加者全員に振り返りと気づき」が起きることとです。その理論基盤を私は「対話」と「コルブの経験学習モデル」に置いています（左図参照）。

つまり「安全安心の場」を設定し、「対等な人間関係」を基に、「質の良い質問と回答」を繰り返すことで、授業者を始めとする参加者全員に「振り返りと気づき」が起きると考えています。そこで「質問と回答」の時間に重点を置くのですが、いきなり「質問と回答」を始めることには不安があります。緊張している授業者にとっては、客観的には何でもないような質問が「詰問」や「批判」のように感じられることもあるからです。カウンセリングでも初回面接の冒頭ではあまり深い質問をしないで、クライアントの話を無批判に「聴く」「受け止める」を重視し、信頼関係を築きクライアントを安全安心の場に置きます。それと同じ仕しくみが必要だと考えていました。

そこで最初は授業者に「軽い（浅い）自己開示」をしてもらい、見学者（参加者・メンバー）が授業者を「ほめる」活動を入れることにしました。左図に示したように「授業者からひと言」↓「ほめる」↓「質問と回答」と進めるということです。

〈「授業者を傷つけない振り返り会」の概要〉

1 授業者のコメント	授業者の意図・感想・解決したいことなど。
2 メンバーから「良い点」「取り組みたい点」を伝える。	手短に。 コンパクトな発言の練習。 ※大人数の場合のテクニックあり(1)
3 メンバーから「建設的な質問」をする。授業者は回答する。	「短い質問・短い回答」の練習。 「振り返り」と「気づき」のトレーニング。 ※大人数の場合のテクニックあり(2)
4 ラブレターを書く。授業者の感想を伝える。リフレクションカード記入	「ラブレター」は何を書いてもよいけれど、「愛と勇気を伝える」精神で書く。

〈ダイアローグの深い定義（参考）〉

チーム学習というディシプリンは「ダイアログ(dialogue)」で始まる。それはチームのメンバーが、前提を保留して本当の意味で「共に考える」能力である。ギリシャ人にとって、「ディアロゴス（dia-logos）」は、「個人では得ることのできない洞察をグループとして発見することを可能にするような、グループ全体に広がる意味の流れ」を意味した。

【「学習する組織」ピーター・センゲ著／小田理一郎　他訳／英治出版、2011 年】

当たり障りのないコメントと「ほめる」の類似

しかし、この「ほめる」には問題があります。それは中身のない「ほめる」が広がっていることです。二、三十年前の研究協議は本当に「いじめそのものだよ」と言いたくなるような場面がありました。最近はそのようなひどさはさすがに減少してきた気がします。代わって登場してきたのが「当たり障りのないコメントの連続」です。このコメントが「ほめる」によく似ていることが「懸念」です。例を挙げます。

「はい、次は私です。私は○○と言います。今日は□□先生の、素晴らしい授業を拝見させていただきました。先生の熱意がひしひしと伝わってきました。また日ごろのご指導の賜物《たまもの》で子どもたちが熱心な様子も拝見できました。私も今日の授業を参考に、明日からの授業に改めて頑張って取り組んでいきたいと思います。本当にありがとうございました。以上です」

お気づきでしょうか？　文章の形式としては絶賛・称賛、そして感謝の連続です。しかし、具体的なことは何一つ述べていません。最近の若い人たちがこの種の発言を研究協議の中でするようになったのは、一種の自己防衛なのではないかと私は推測しています。つまり、何か批判的なことを言えば、次に自分が授業者になった時に叩かれることを恐れているのです。

「ほめる」は具体的に、本気で

このような「ほめているようだけど中身のないほめ言葉」では授業者の安全安心は確保できな

いと考えていました。そこで編み出したのが、「授業を見学していて良いと感じた点」「自分の授業でもそうなったらいいなと思ったこと」「自分の授業でも取り入れたいと感じたこと」などを伝えてください、という言い方です。こう設定することで「具体的に本気でほめる」という「ほめる」の原則を守ることができます。これは子どもたちをほめる練習にもなると思っています。「あなたはいいね～」などの先生の発言は本気ではないことを子どもたちは見抜いています。ただ単にほめ言葉を羅列するのではなく、子どもの良い点を見つけて、できるだけ「その場で」「具体的に」「コンパクトな発言で」「本気で」ほめてあげたいものです。

ほめられたら、素直に受け止める

時々、「ほめられることに慣れていない授業者」「ほめるコメントをイチイチ否定する授業者」がいます。「いえいえ、そんなことないんですよ」「いや～、それほどのことはないんですけどねぇ～」「恐縮です。すいません」などです。これが続くとほめるほうも少々嫌気がさします。何より授業者に気づきが起きにくくなりますし、全体の気づきの質の低下も招きかねません。進行役は授業者に次のようなアドバスをして欲しいものです。

・「メンバーからのコメントを否定しないで受け止めましょう。そう見た、そう感じたというのは『事実』ですから。皆さんの発言を否定しないで大切に受け止めてくださいね」

・「いえいえ…というと否定的に聞こえます。それより、『ありがとうございます』とお礼を言うか、『そこをほめられるとうれしいです』などのほうが良いですよ」

09 「質問と回答」のコツ

二種類の授業見学用ワークシート

ここからの説明は「授業見学用ワークシート①」を使用している前提で説明します。①は約一〇年前に越ヶ谷高校授業研究委員会が発明して校内研修会で使い続けていたものです。まだ、ワンウェイの授業が大半の時代には適切でした。読者の皆さんの現場でも伝統的な授業が多いようであれば、この①を使うことをお勧めします。

「授業見学用ワークシート②」は私が定年退職後に新しくつくったものです。きっかけはペアワークやグループワークが増えてきて、授業者の活動に注目するよりも学習者の学びの質に注目するべきだと感じたからです。この①と②の詳細については、14節以降で述べることとします。

自由に質問が出る雰囲気づくり

本節では進行役の進め方についてアドバイスをします。いずれも教科授業・担任活動・生徒指導・進路指導・部活動指導などにも役立つ考え方やスキルにつながります。

まずは「質問と回答」に入る時のコツです。「建設的な質問をしてください」「授業者に気づきが起きるような質問をしてください」という指示に対して多くの方は一瞬戸惑います。少しの間、沈黙が続くこともありますが、進行役は黙って見ていることをお勧めします。これまでの多くの経験では一分程度の沈黙を我慢すれば質問が出てきます。その前に進行役が「何でもいいですよ」「遠慮しないでくださいね」「勇気を出してください」などとあれこれ言い出さないことです。「沈黙」は多くの場合、メンバーが考えている時間です。その気持ちを尊重したいものです。

そして、その時の質問は様々です。私のようにカウンセリングやアクションラーニング（質問会議）などの質問のスキルを磨くトレーニングを長年続けてきていると、それぞれの質問に対して目が肥えてきてしまいます。「おしいなあ、こう聞けば深まるのに…」「そこでこう続けると良いのに…」と感じることが多いのですが、進行役は最初のうちはそんな評価を口に出さないで「質問であればなんでもよい」くらいの気持ちで進めることがコツです。

それでも「善意」で評価的な発言をすることがしばしばあります。「いい質問ですね」「今みたいな質問を続けましょう」「うーん…その質問はイマイチですねぇ～」などと頻繁に評価的な発言をすると、メンバーは「良い質問をしなければならない」と感じたり、「ほめられるような質問をしよう」と考えたりします。つまり進行役が求める質問へと誘導することになります。すると自由な質問が出にくくなります。

これは授業中や担任指導でも同じことです。授業者・担任が無意識のうちに評価し、意見を誘導したり、「ほめられ競争」を助長したりしてしまうことがあります。気をつけたいものです。

最初のうちにコントロールしておきたいこと

質問の質を評価はしませんが、次の三つのルールを守ってもらうことは大事です。

① 質問だけをする（意見・批判・思い出話・自慢話などはしない）
② 長い発言はしない。できるだけコンパクトな発言を心がける
③ 質問に対する回答もコンパクトに。質問されたことだけに答える

とは言え、進行役がメンバーの発言に対して、「それは意見だから駄目です」「長い発言もダメです。短くなきゃダメです」などと批判・禁止などを続けると場は凍りついてしまいます。自由な発言は阻害され、メンバーのやる気が低下してしまう可能性があります。ではどうするか？

進行役が次のように質問で介入することをお勧めします。

①（意見が始まったら）「それは質問ですか？」と質問する
（意見が終わった後に）「今のことを質問に変えるとどう言えますか？」と質問する
②（発言が長くなりそうだったら）「それは質問ですか？」と質問する
あるいは「質問したいことは何ですか？」「コンパクトに質問できますか？」と質問する
（長い発言のあとに）「今の発言をひと言で言うとどう言えますか？」と質問する
③（回答が長くなりそうだったら…）
「質問は何でしたか？」や「言いたいことは何ですか？」と質問する
（長めの回答が終わった後に）「今のをコンパクトに言うとどうなりますか？」と質問する

これらの全体を通して行っていることは、「質問で介入する」ということです。これは「コルブの経験学習モデル」を基にして、メンバーや授業者に「振り返りと気づき」を促すことです。実際に多くの場合に次にあげるような反応があります。

「あ、意見を言いそうでした。質問に変えますね」

「え？　質問に変えると…○○○ですか？…ああ、こう質問すればよいわけですね」

「質問したいこと？…うん？…ちょっと待ってね。あー、整理する前に話し始めていました」

「質問は何だったか？　えーと…あれ？　なんでしたっけ？　すみません、もう一度、質問してもらえますか？」

進行役に質問されたメンバーが気づく時には、他のメンバーも「あ、短い質問をこころがけなくては…」「あんな風に質問すればいいんだ」「なるほど、質問がわからなかったら、確認の質問をすればいいんだ」などと気づきが起きるものです。つまり、進行役が上手に質問で介入していくことで「質問・回答の仕方（＝プロセス）」に対する学びが起きるということです。これによって参加者全員の質問と回答のスキルが向上し、「振り返り会の内容（＝コンテンツ）」に対する学びの質も向上します。

念のために補足しますが、進行役はメンバーとは異なり授業者の授業の内容についての質問はしません。つまり「授業内容（コンテンツ）」には介入しませんが、「学びの方法や態度（プロセス）」には介入します。このことを「進行役はプロセス調整をする」と言うこともあります。

授業でも役立つ「質問で介入」

「アクションラーニング（質問会議）」で学んだこの方法を、私は物理授業の中にも組み込みました。「態度目標＝しゃべる、質問する、説明する、動く（席を立って立ち歩く）、チームで協力する、チームに貢献する」や「確認テストで全員満点をとる」などのルールを設定した上で、問題演習の時間に私はチームごとに「チームで協力できていますか？」「確認テストまであと一〇分ですが順調ですか？」と質問し続けていました。すると生徒たちは「自分（たち）で気づいて、自分で行動を変え、みんなで満点をとる」ことで成果を上げ、ますます、質問したりチームで協力したりすることがうまくなっていきました。

つまり私は生徒たちの学びの「プロセス調整」に重点を置いていたことになります。演習の時間に私が物理の内容に関して説明することはほとんどありませんでした。それでも、というより、「それだからこそ」、生徒たちは「対話的な学び」「深い学び」を進めていくことができました。その結果が、放課後に誰からも強制されていないのに物理室に集まってみんなでワイワイ勉強するという毎日が続くようになり、受験勉強も効果的に進み、点数も上がっていきました。

質問で介入する・される体験の重要性

私の研修会に参加された方や本を読んだ方は、私の考え方やスキルの基盤にはカウンセリングなどの理論とスキルがあることに気づきます。そしてしばしば「カウンセリングのことを手っ取り早く学ぶ方法はないですか?」という質問を受けます。この質問に私は「近所のカウンセリング・センターなどに行ってカウンセリングを受けるのがよいですよ」と回答しています。その理由は「体感・体験が大事」だと思っているからです。

お金を出して（ここも大事！）カウンセリングを受けてみると何かとても良い気持ちになったり、これまで気づかなかった自分の課題に気がついて意欲的になったりします。時には「こんな態度で聴いてもらえるとうれしいんだなあ」とか「この質問で一気に自己理解が深まったなあ」という学びも起きます。これと同じようなことが「振り返り会」でも起きます。

進行役が丁寧に「質問で介入」を続けているとメンバーの中には自分自身が質問されて気づいたり、他のメンバーの気づきの過程を見たりすることで、「ああ、質問で介入するというのはこういうことなんだ」と理解することができます。「コンテンツには介入しないけどプロセスを調整する」ということの実際が「わかった」と感じることもあります。

この体感・体験が、「授業中もこの観点で生徒に質問で介入してみよう」という気持ちにしてくれます。読んだり聞いたりしたことよりも、体験したことのほうが効果が大きいということです。もちろん進行役の人は実際にこれをやり続けるのですからとても深い体験をし続けることになります。「振り返り会」の進行役を務めること自体が教科授業のスキルトレーニングにもなるということです。

10 「ラブレター」の意義と効果

別冊ワークシート❷参照

実はヒヤヒヤだった「ラブレター」

「質問と回答」は延々続くこともありますが、時間が来たら次のステップに移ります。「出し切れなかった質問はあとでラブレターかリフレクションカードに書いてください」と案内しておくとよいと思います。

次のステップは「ラブレターを書く」です。

「次は「ラブレター」を書いてください。意見やアドバイス、情報提供など何を書いてもよいですが、「授業者に〈愛と勇気を伝える〉精神で書いてください」

このロマンティックな言い方には、「こんなふざけた言い方はやめろ」などの批判が続出するのではないかと恐れていました。しかし、これを使い始めてから一〇年以上、そんな批判は一つもありません。多くの皆さんに受け入れてもらえていることはありがたいことです。その意義と効果について述べることにします。

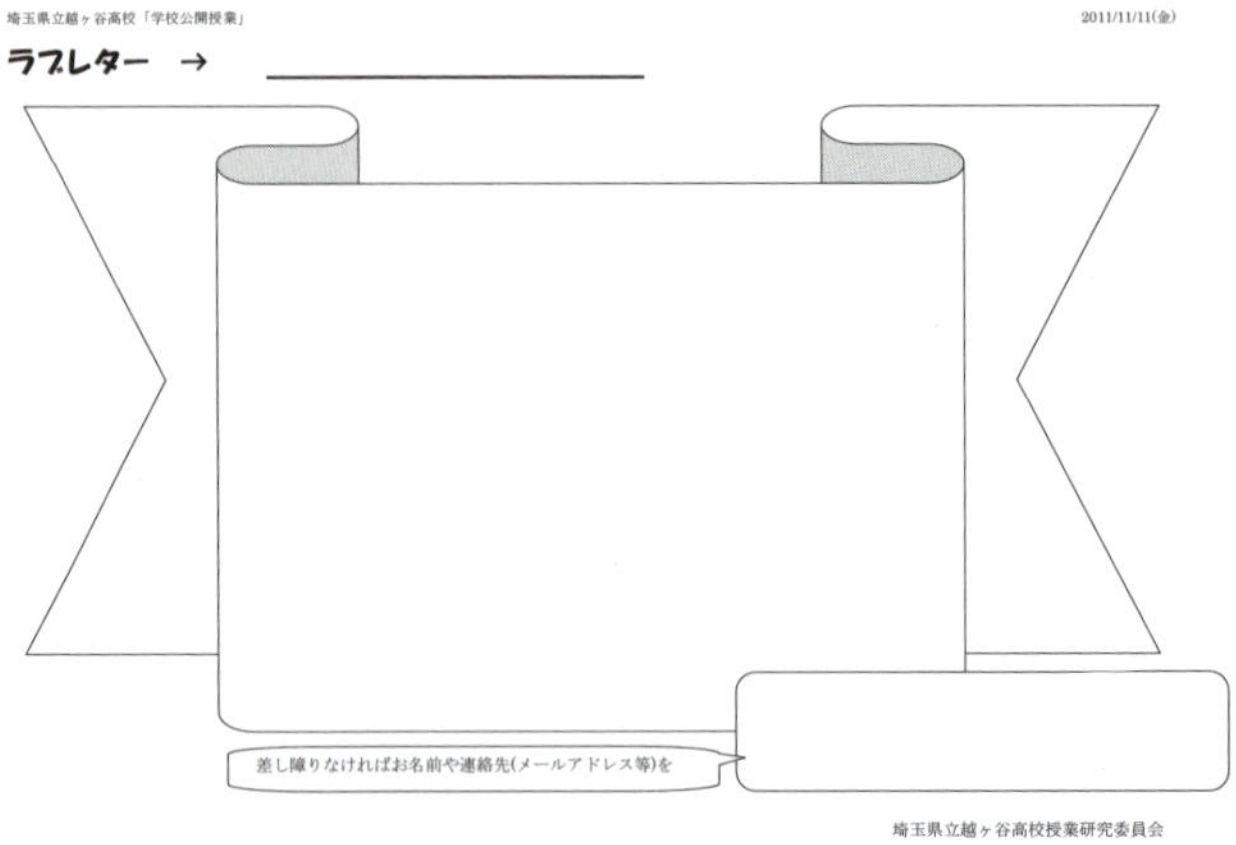

「ラブレター」の意義と効果

まず意義は「アドバイスができるようにする」ということです。「授業者を傷つけない」ことを念頭に置いて「批判・非難」できない構造にしたのは大きな価値があるのですが、「アドバイスができない」のでは大きな欠陥を有することになります。特に授業者が教師初心者の場合は適切なアドバイスが不可欠です。それを欠いたままでは若い教師の重要な学習・成長の機会を失いかねません。しかし、アドバイスは「批判」を内包しがちです。そこで内容的には「批判」ではあるが、相手を「傷つけない」ようにしたいと考えました。つまり「内容は批判」ではあるものの、「形式」＝「伝え方」は温かい、という矛盾をつくることでここを乗り越えようとしました。それが「授業者を傷つけるのが目的ではないのだから、そうしないように気をつけてくださいね」という気持ちを込めて「ラブレター」と名づけることに結びつきました。

その結果、メンバーには「授業者・教師として相手（子供や同僚）のことを気遣いながら批判やアドバイスをするトレーニングができる」という効果をもたらしました。例えば「あのやり方はダメだから、こうするべきです」と書こうとすると、「うん？こう書いてはまずいだろうな」と立ち止まることになります。「ダメ」と書くより「こちらの方がより効果的ですよ」と書いた方が良いだろうな…などと考えます。つまり、相手のことを考えながら「傷つけないように」「やる気になるように」「その人にあった言い方を考えながら」書くことになります。しばしばズバリと意見を言って人を傷つける傾向のある私にはとても良いトレーニングだと実感しています。

「ラブレター」を書くことで得られる学びの実際

「振り返り会」にメンバーとして参加していた時のことです。その授業者の授業を見ていて気になったのは生徒に説明する時にノートやメモを見ながら説明することでした。下を向くので聞こえにくくなり、説得力にも欠けます。「メモを見ないで生徒のほうを向いて説明するべき」と書こうとして、「うーん…これでは傷つけてしまいそうだなあ…」と気づいて立ち止まります。

「さて、どう書こうか…」と自問自答。「そもそもなんで彼女はメモを見るのだろう…?」「覚えていない?」「理解していない?」「あ…もしかしたら、〈間違いなく正確に伝えたい〉という気持ちが強いのかもしれない」と気がつきました。そう思い返してみると説明の仕方だけでなく板書の仕方も実に丁寧でした。「なるほど。それは彼女の強みだ。その強みを生かす方向で書いてあげるとよさそうだ」と思いつきました。結果、次のように書きました。

「板書も説明の仕方もとても丁寧ですね。生徒に教科書などの内容を正確に伝えようとしているから、教科書などを見ながら説明されているのだと思います。その気持ちはとても大事ですし、生徒たちにもその誠意は伝わっていることと思います。でも、客観的に見ているとその姿は自信がなさそうに見えることもありましたし、やや下向きで話すので聞こえにくい箇所もありました。フレーズ単位で覚えて顔を上げて生徒たちを見て説明したほうが、先生の目指す〈内容を正確に伝える〉ということをより良く実現することになるかもしれません。お試しください」

夜、懇親会の席上でその先生がビールを注いでくれながらこう話してくれました。「ラブレターのメッセージありがとうございました。生徒にきちんと伝えようとしてメモを見ることは逆効果かもしれないと気づきました。明日から生徒たちを見て説明します」。「愛と勇気を伝える」ことを実現できたと感じた瞬間でした。

授業者にとっての「ラブレター」の効果

何より大きな効果は授業者が感じることになります。まず、手渡しの効果です。私が進行役の時は次のような説明をしています。

「ラブレターを他人を介して渡すことはあまりないですよね。書き終わった人から授業者に直接渡してください。あるいはこの会の終了後に直接渡してください」

そうすると参加者は授業者のところに行って手渡しします。黙って渡す人は普通いません。「お疲れ様。いい授業でした」「私の授業にとっても良いヒントがいっぱいでした」などと言います。授業者は「ありがとうございました」「あの質問で新しく気づくことがありました」などと応えます。このやりとりだけでも、温かい雰囲気が広がります。少なくとも従来の「研究協議」で批判され続けて反論もできずに縮こまっていた授業者の態度とは段違いです。

しばしば、授業者は「最後のひと言」で次のように言います。「一日にこんなたくさんのラブレターをいただいたのは生まれて初めてです。とてもうれしいです」。他にもこのラブレターをファイルに綴《と》じこんで職員室の机の上や中に置いておく人が多くいます。「時々読み返すんです」「落ち込んだ時のお守りになっています」と伝えてくれる方も何人もいました。

11 「リフレクションカード」の効果と使い方

別冊ワークシート❸参照

「リフレクションカード」設定の理由

様々なイベントに行くと必ずと言ってよいほどアンケートの記入を求められます。それは「どうやってこのイベントを知りましたか?」「満足度はどれくらいですか?」「次に取り上げて欲しいテーマは何ですか?」などの質問です。この目的は主催者側へ利益をもたらすためのものです。

つまりより良い集客のためにはどの媒体が効果的か、イベントの中のどのコーナーに満足度が高いか、低いかがわかれば次のプログラムを入れ替えるヒントになります。また、参加者の隠れたニーズを探ることで、次のプログラムをニーズに合わせたものにすることができます。

しかし、私たちの「振り返り会」の「リフレクションカード」は委員会の利益よりも「参加者の利益・効果」を第一に考えていました。この発想は私の物理授業と全く同じことです。

「活動中の振り返り」と「活動後の振り返り」

私の物理授業は二重の振り返りの構造をつくることが大きな効果を上げていました。一つは「活動中の振り返り（リアルタイム・リフレクションまたはリフレクション・イン・アクション）」です。具体的には「チームで協力できていますか?」「確認テストまであと一〇分ですが順調ですか?」などと質問することです。もう一つは「活動後の振り返り（リフレクション・アフター・アクション）」です。これが「リフレクションカードを書く」ということです。この質問は次のような三つの視点から構成していました。

①態度目標に沿って活動できましたか？　それによって気づいたことは何ですか？　次の時間にやりたいことは何ですか？

②内容目標に沿って内容は理解できましたか？「わかったこと」は何ですか？「わからなかったこと」は何ですか？

③この授業に関する感想や気づき、リクエストや苦情などなんでもご自由に

この二重の振り返りのしくみは大きな効果をもたらしました。そこで、この「振り返り会」でも全く同じしくみを入れることにしました。「活動

〈二重の振り返りのイメージ〉

目的・目標の確認 ・ルールの設定 ・態度目標の設定	活動中の振り返りを促進する。 refrection in action	活動後の振り返りを促進する。 refrection after action
「しゃべる、質問する、説明する、動く、チームで協力する、チームに貢献する」 「コンパクトに質問する、質問されたことだけに回答する」	「チームで協力できていますか？」 「質問したり、説明したりできていますか？」 「それは質問ですか？」 「質問は何でしたか？」	（※活動を終了させる） 「わかったことは何ですか？」 「気づいたことは何ですか？」 「これからやろうと思ったことは何ですか？」

中の振り返り」は前項で述べたように途中で進行役が「それは質問ですか?」「さっきの質問は何でしたか?」などと質問することです。これによって、その場で発言がコンパクトになったり、質問に正対した回答に変化したりします。

11 「リフレクションカード」の効果と使い方

そして、「活動後の振り返り」がこの「リフレクションカードを書く」ということです。この「活動後の振り返り」と「活動中の振り返り」には意味と効果に違いがあります。

まずは「活動中の振り返り」について述べます。活動中に進行役からプロセス調整のための「質問で介入」を受けると、「あ、コンパクトに質問しよう」「質問を忘れてしまった。質問は何だったか、改めて確認しよう」などのように、「振り返りと気づき」を基に即座に新しい行動に進んでいきます。プロセスを意識した直後に、「問題・課題を解決するために行動する」に向かっていきます。即座に行動を変えることで物理授業なら「全員で満点をとる」「時間内に課題を終わらせる」ということは達成しやすくなるのですが、「質問で介入」してもらって、何に気づいたか、何を感じたかは忘れがちになってしまいます。これは「すぐにコンテンツに向かう」ということと「一人でじっくりプロセスを振り返る」は同時には意識しにくいという構造によるものです。

この「活動中の振り返り」で「質問で介入されたこと」を忘れがちになることは、私が校内研修会などで先生たちに生徒役をやってもらいながら「物理の授業体験」をしてもらう時に明確に現れます。授業体験の中の「問題演習の時間」に私は各グループに三回ずつ近づき、全く同じセリフで「質問で介入」をしてみせます。その中身は「チームで協力できていますか?」「確認テストまであと一〇分ですが順調ですか?」「確認テストまであと五分ですが、順調ですか?」です。

この効果はこの活動を外から見ている人には明確です。

　通常、問題演習の時間が始まるとシーンとなります。長年の授業体験で「一人でやらなくてはならない」「授業中は静かにするべきだ」と身についているからかもしれませんし、問題を一人で考える習慣の人もいるのかもしれません。そこに私が「チームで協力できていますか?」と各チームにひと声ずつかけていくだけで、話し合いが始まるのです。私は数人に聞こえる程度の小さな声で介入していきますから、外から見学している人には私の声はほとんど聞こえません。そのため、「小林さんが近づいて立ち去ると、グループが活性化する。話し合いが始まる。声が大きくなる…」といった感じに見えます。何人かの人たちが「小林マジックですね」と表現したこともあります。それだけ大きな変化が客観的には起きているのです。

　体験授業が終わって、振り返りをする時に私は皆さんに次のように質問します。

「問題演習の最中に私は各グループに三回行って声をかけました。私が何と言ったか思い出せますか？　グループで話し合って思い出してください。セリフのレベルで再現してみてください」するど、かなり多くの人が戸惑います。「え？　三回も来た？」「何か言っていたような気はするけど…思い出せない」「『質問しろ』だっけ？」などとかなり混乱します。要するに、「質問で介入する」ことで瞬時に「活動は変化している」のです。しかし、意識は練習問題を解くというコンテンツ（内容）に向いています。そのために、この変化のきっかけは何だったかを忘れてしまうことが多いのです。これが「活動中の振り返り」の特徴です。

そこで「活動後の振り返り」の価値と必要性が出てきます。「活動後の振り返り」には次の三つの特徴があります。

一つめは「（今日の）活動が終わっている」ことです。急いで次に向かう必要がないのでじっくり振り返ることができます。二つめは「書く」ことです。考えるということは言語を媒介しますが、「話す聴く」より「書く」ほうが明らかに高い集中力が得られます。その分、深い気づきを得やすいことになります。そして三つめは「個人の学びの時間」になることです。全員が一斉に書く時間になることで、ここでは「対話」は起きにくくなります。全員が自分自身に向き合うことになります。「メタ認知」や「深い学び」が起きやすくなるということです。

「リフレクションカード」の質問

リフレクションカードの質問も基本的には物理授業と同じ構造です。物理授業では用語を覚えたり問題を解いたりする「内容理解」が重要な要素ですが、「振り返り会」では覚えなくてはならないことはほとんどないので、「気づき」と「行動計画」に重点を置く構造にしました。通常、次の構造にしています。

①「振り返り会」はいかがでしたか？「感じたこと／わかったこと／学んだこと」と「これからやろうと思ったこと／現場で始めようと思ったこと」を書いてください。全体の感想や質問は下に書いてください。返却することは難しいので、スマホなどで撮影してから提出することをお勧めします。

（1）「感じたこと／わかったこと／学んだこと」は何ですか？
なるべく箇条書きで書いてください。

（2）「これからやろうと思ったこと／現場でやろうと思ったこと」は何ですか？
なるべく箇条書きで書いてください。

② 全体を通しての感想や質問、要望はこちらにお書きください（ウラもOKです）。

この質問の特徴は「活動後の振り返り」の中に「次の行動計画を促すしくみ」を入れていることです。この質問によって、「次の授業で○○をやってみる」「まずは夏休みの補習から挑戦してみる」などの具体的な行動に関する記述が出やすくなります。書いたことが全て実現するわけではないですが、ただ感想を書いただけよりも実現可能性は高くなります。

リフレクションカードもデータでダウンロードできるようになっていますから、それぞれの現場で使いやすいようにアレンジしてください。

リフレクションカードの共有

私はカウンセリングの周辺的な学習として構成的グループエンカウンターや非構成的エンカウンターグループの学習にも一時期精力を注いでいました。それらのセッションでは最後に「振り返りと気づき」をシェア（共有）することがとても重要な仕掛けになっていました。中にははっきりと「この合宿が終わったら現場に戻って何をするか宣言してください」と具体的な指示が出ることもあります。そこで考えて文章化してみんなの前で宣言すると、何となく実行できるような気になることも経験してきました。その重要性や価値は実感しています。

ただ、二泊～四泊の合宿なら時間に余裕があるので、最後の振り返りの共有セッションだけで一時間以上かけることもできますが、一時間程度の授業や「振り返り会」ではなかなかこれを実行することができません。そこで物理の授業では時々生徒たちのリフレクションカードのコメントを私がワープロで打ちなおし、Ａ４一枚にまとめて配布することで生徒たちが他の友だちが書いていることを共有できるようにしました。やってみるとこれはかなり効果がありました。

生徒たちは「自分と同じようなことを感じている人がいることがわかって安心した」「友だちに教えてもらうだけで悪い気がしていたけど、『教えたらもっとよくわかった』『積極的に教えたい』というコメントを読んで気が楽になった」などの気づきや感想が寄せられました。

そこで授業研究委員会は「振り返り会」でも同じ方法でシェアしていました。具体的には参加者のリフレクションカードのコメントを委員がワープロで打ちなおして印刷して配布していました。越ケ谷高校授業研究委員会は「Open Sesame（開けゴマ）」と題した広報プリント（A４一枚）を不定期に発行していたので、これに掲載していました。これは先生たちには好評でした。

ワープロで打ちなおすのが面倒な人には次のような方法もあります。まずリフレクションカードをスキャナーを使ってPDFファイルに変換します。それを開いて「編集→スナップショット」と進むと、コメント部分を長方形に切り取ることができます。これをワードのワープロソフト上に貼りつけます。さらに図の上で「右クリック→図の書式設定→レイアウト→外周→OK」と進みます。

これで挿入した「図＝手書きコメントの切り貼り部分」は「左クリックしてドラック（マウスの左クリックを押したままでマウスを動かすこと）」することで、ワード上の位置を自在に変えることができます。文字はこの図の「外周」に配置されますから、コメントを入れるのも楽です。すると、手書き部分を切り貼りしたように少しアナログ感のある資料をつくることができます。お試しください。

12

教科を超える「授業見学」「振り返り会」の意義と効果

怪我《けが》の功名だった「教科を超える」

越ヶ谷高校では「研究授業」も「振り返り会」も、授業見学週間も〈教科を超えて見学し、振り返り会に参加する〉のが当たり前でした。これは「授業研究委員会」が研修システムをリメイクしてスタートする時に、何の説明もなく「教科を超えて実施した」ことに起因します。

この「教科を超える」ことは大きな意義と効果がありましたが、これは最初から意図していたわけではなく、全くの「怪我の功名」「瓢箪《ひょうたん》から駒」でした。実は授業研究委員会が「研究授業」や「振り返り会」などを「教科を超えて」実施した理由は単に参加人数を増やすためでした。忙しい学校で教科別に実施したら「誰も来ない」可能性があったからです。物理、家庭科、情報などの教員はほぼ一人でしたからまさに「苦肉の策」だったのです。

同じ教科・科目だとコンテンツの細部が気になる

教科別に行う授業研究と教科を超えた場合の違いは「どこに目がいくか」です。同一教科の授業を見ている時には「授業の内容（＝コンテンツ）」に目がいきがちです。しかし、教科を超えると「授業の進め方・授業者の介入の仕方・子どもたちの学び方（＝プロセス）」に自然と目がいきます。この後者の見方こそが現在求められている授業改善の方向性には必要なことなのです。まずは「同一教科・科目」の授業を見る時の私たちのとらわれについて述べることにします。

例えば私が自分の専門と同じ「高校物理」の授業を見学するとします。すると授業者の説明の細々したところが気になります。

具体的に見ていきます。現行の「物理（四単位）」の「万有引力」の授業で授業者が「万有引力の大きさは距離の二乗に反比例して両者の質量の積に反比例します。したがって…」と説明を始めたとします。すると私は「え?」と違和感を覚えます。説明していること自体は正しいのですが、「ここでは万有引力が遠隔作用ではなく、近接作用ととらえていることを説明しないと、そのあとのポテンシャルを表すグラフの意味づけができなくなるのではないの?」と気になり始めます（物理が専門の人以外にはわかりにくい例で恐縮です）。

一度ひっかかると、なかなかそれから逃れられなくなります。「この教科書ではどう説明しているの?」と教科書の前後を読み始めたり、目次を確認したりし始めます。そうしているうちに授業の流れや生徒たちの様子などから目が離れてしまいます。英語の先生が英語の授業を見学していると発音のちょっとした違いやアクセントの違いにひっかかることが多いとおっしゃいます。体育の先生は自分の専門の球技の授業を見ていると授業者のフォームや手足の動かし方の違いが気になり始めるといつまでも気になるとおっしゃいます。

このようにコンテンツに深く入って説明の仕方や板書方法などをブラッシュアップする授業研究が全く無駄なことだとは思っていないのですが、現在進められている「主体的・対話的で深い学びの実現」を目指すとなると、子どもたちが「どう学んでいるか、対話は進んでいるか」を観察することが必要になります。さらにその過程で授業者が何をやっているかを意識的に見学することが見学者にとっての大きな学びになります。この視点に立つ時にコンテンツに目を奪われがちな「同一教科・科目の授業だけを見学する」ことにはデメリットが大きいということになります。

「教科を超える」ことのメリット

教科を超えることのメリットについて言えば、コンテンツにとらわれないためにプロセスを観察・分析できることが第一のメリットです。第二はあまり見ることのない他教科の授業にはその教科内では当たり前になっているけど、他教科ではほとんど知られていない授業スキルが多々あります。それが自分の教科科目の授業の大きなヒントになることが多いということです。

具体的に述べます。教科を超えてすぐに広がった感があるのは「パワポ&プロジェクター」でした。越ヶ谷高校ではプロジェクターを用いた授業はあっという間に教科を超えて広がりました。これは「板書の時間がいらないから、その分、説明や演習の時間を増加できる」というプロセスの変化に魅力を感じた先生たちが多かったからです。

ただ、「PCやプロジェクター」を使うという「コンテンツ（この場合は「道具」）」に注目してしまう人はうまくいきません。「板書よりたくさん説明できる」という側面に飛びつく人は、これまでと同じ説明時間に大量のスライドを使って説明します。生徒たちは最初の数時間は物珍しさにひかれて目を見張っていますが、それを過ぎると飽きてしまいます。膨大な説明についていけず居眠りが増加していきます。この辺りがICT活用の問題であるような気がします。

他の面です。越ヶ谷高校では次のような事例がありました。

三上さんが質問に対して「Aだと思う人は指一本で手を挙げて。Bだと思う人は指二本で手を挙げて…」とやっていたので、色々な教科の人が真似をしました。グー・チョキ・パーで上げるなどの変形も出てきました。これは「わかる人は？」で手を挙げない生徒が多い中で、全員が意思表示をすることができるという点で優れていました。最近はこの方法は全国的に広がりつつあるようです。

私が始めたグループワークは音楽・美術・家庭科などでは当たり前のことでした。美術の先生はグループワークを活性化すると「グループ内に絵がうまい生徒がいると、そのグループ内のスキルが上がっていくよ。小林さんの物理と同じことが起きているし、そうなるように自由に話し合ったり、交流させているよ」と教えてくれました。

また英語の授業では当たり前になっているペアやグループで音読する方法を研究授業で見学した古典の竹部さんは「これは古典でも使えますね」と言ってすぐにペアで読んだり解釈したりするワークを始めました。今ではこの方法もかなり広がっているようですが、一〇年前の越ヶ谷高校では画期的なことでした。

「研究協議」や「振り返り会」については教科を超えてやってみて欲しいものです。

13 指導案をつくらない研究授業

普段の授業でないと学びにならない

越ヶ谷高校授業研究委員会が「研究授業&振り返り会」と「授業見学週間」を始めた時に、「指導案をどうするか」も話題になりました。いいかげんな私のように「指導案なんて教育実習の時に書いてから書いたことがないような気がする」という仲間もいましたし、教育学部やその大学院で学んできた人の中には、「いやいや、指導案を書くのは教員の基本」と主張する人もいました。「じゃ、どうしようか?」色々な意見は出たのですが、実に情けない理由で指導案はつくらないという結論に至りました。

その理由は「授業者の負担になることをやれと言えば、職員会議では反対される」からでした。それくらい当時の越ヶ谷高校では委員会がやることに対しては常に逆風が吹いていました。しかし、あとになってみると結果的には良かったと思うことが多々ありました。その最大のメリットは「普段の授業」を見学できることでした。

「授業見学週間」では当然のことだと思っていましたが、委員会は先生たちに「普段通りの授業をやってください」と呼びかけました。ただ、見学に行く先生たちもいるので「見に来てくださいカード(後述)」を出している授業では生徒に配布するプリントを少し多めに印刷しておいてください、とお願いしました。これを「研究授業」にも適用しました。

「指導案重視」に感じる違和感

その当時は指導案を書くことに対して大した意味を感じていなかった私ですが、退職間際に二人の教育実習生の指導をした時に、「やはり必要だ」と実感しました。全くの初心者には授業計画（目的・目標・タイムテーブルなど）をきちんと書かせ、説明方法や板書方法の計画も書かせることが必要だと感じました。

ただ、二人の教育実習生はいずれも私の物理授業を受けて大学物理学科に進学した元生徒でした。「小林先生のような授業ができるようになりたい」というリクエストに応えて指導しましたが、大学から彼らが持ってきていた指導案のテンプレートではやりにくかったので、大学に連絡して少しアレンジして利用しました。このような経験を基にある程度は指導案の意義と現在の形式での限界とを理解していたつもりでした。

定年退職後に多くの学校に研修会講師として呼んでいただき、研究授業や研究協議を見学させてもらう機会が増えると、その使い方に違和感を持つことが増えてきました。それは指導主事などの立場にある人の発言の大半は「指導案通りに進んだかどうか」の視点からの発言だったからです。それも話し方は丁寧であるものの、「時間通りに進まないのはダメだ」「予想される生徒の発言が出なかったのは指導力不足だ」と決めつけているように感じることがよくありました。

そのためなのか研究授業の時の授業者の皆さんは指導案という「台本」通りに進めることに精

いっぱいという気がします。特に授業者が困るのは「寝ている生徒」と「想定外の発言をする生徒」が出現した時のようです。そこに関わると「台本」通りに進まなくなると内心焦る先生たちのやることは「無視」です。寝ている生徒がいてもまるで見えていないかのように無視して授業を進めたり、生徒が興味深い発言をしているのに「うん、ほかの意見はありませんか?」とスルーしたりしてしまいます。

極めつけは、「研究授業では本番前にリハーサル授業をやっている」という噂話《うわさ》です。先生がほかのクラスで同じ授業をやってみて、それをブラッシュアップして本番に臨むということを高校では時々見聞きしてきました。しかし、同じクラスでリハーサルをして子どもたちと先生が本番としてやって見せる学芸会のような授業を「研究授業」として提示し、「よくできました」とコメントする。そんな馬鹿馬鹿しいことはやめて欲しいものです。こういうことの背景に行き過ぎた「指導案重視」があるような気がします。

偶然に起きたことから学ぶ研究授業の醍醐味《だいごみ》

日本のカウンセリングの草分けといってよい河合隼雄氏（一九二八〜二〇〇七年、京都大学名誉教授、元文化庁長官。ユング心理学を日本に導入・普及した功績は大きい）は、「臨床教育」という言葉を使って、授業中に偶然起きたことをうまく使い、子どもたちの成長につながる授業をすることが大事だとあちこちに書いておられます。おそらくこれはカウンセリングのプロセスからの考え方だと思います。カウンセリングはおおまかな計画を持ってスタートしますが、クライアントの予想外の発言や行動が出てくることは当たり前です。時にはカウンセリング中に雷が鳴ったり、夕立が降り始めることもあります。その時のクライアントの反応や発言を治療に生かすべきだとおっしゃっていました。

私は授業も同じだと思っています。たまたま生徒が寝てしまう。予想外の質問や意見が出てくる。それらを上手に受け止め対応しながら、生徒たちの「主体的・対話的で深い学び」が実現できるようにつないでいく。それを見学していた人たちとともに振り返ることができたら、とても深い学びができる研究授業になると思っています。そのためには、あまりにも指導案通りに進めることに縛られるのは良くないと考えています。

出現している簡略化した指導案作成の試み

すでに過度な指導案重視を修正しようとする試みも出てきています。「授業計画」をＡ４一枚だけでつくるとか、同じ単元の授業の指導案は個々人で作成しないで教科科目で共通のものをつくるなどの工夫です。こんな工夫がどんどん広がるとよいと思っています。

14 授業見学用ワークシートの開発

別冊ワークシート❹参照

授業見学の方法は目的が決定する

「研究授業」「振り返り会」「授業見学週間」の持ち方について授業研究委員会で検討していく時に問題になったことの一つは、「授業はどうやって見ればよいのだろうか?」でした。なんとなく見ている人、事後の「研究協議」で何と言おうかを考えている人、積極的に「あらさがし」をしている人もいそうです。まさに「方法は目的が決定する」です。

私たちの目的はすでに明確になっていました。それは「授業者を傷つけない振り返り会」の三つの目的です。本章冒頭の5節であげたものを再掲します。

① 参加者全員が「自分の授業改善のヒント」を得る
② 授業者が「授業者をやってよかった」と感じるようにする
③ メンバーが「次は自分が研究授業の授業者をやりたい」と感じるようにする

授業を見学している「参加者＝メンバー」の立場では「自分の授業改善のヒントを得る」ことが第一義で、次に「授業者を傷つけない」ことも大事になります。ワークシートに沿って見学し、メモし、まとめて提出するプロセスが目的に沿うようにデザインしたのが「授業見学用ワークシート①」です。

「授業見学用ワークシート①」の特徴

「授業見学用ワークシート①」を参照しながら読んでください。上から順に説明していきます。

◎授業者・授業・日時の記入欄

まず冒頭に「○○先生」の「□□（講座名）」を見学した、ということを記入するようにしました。こうすることで回収したワークシートを授業者別に整理するのが楽になります。授業研究委員会がコピーを授業者に配布する時のための工夫です。その下は日付・曜日・何時間目を記入する欄です。丸をつければよいだけにしました。記入時間を節約し見学に専念できる時間を長くするための工夫です。

◎「メモ欄」

ここは空白にして見学する人が自由にメモできるようにしました。メモを基にその下のフィードバックを考えることができるようにしようとしたものです。ここの書き方については何も言及せずに皆さんにお任せしていました。

14　授業見学用ワークシートの開発

授業研究週間／授業見学用ワークシート①

◎見学したのは→ 　　　　 先生の （講座名）

6月 12(金)　15(月)、16(火)、17(水)、18(木)、19(金)　　時限：1，2，3，4，5

22(月)、23(火)、24(水)、25(木)、

該当箇所に○をつけてください。

◎メモ欄

◎授業者に以下の点についてフィードバックしてください。

(1)授業者のよい点、ほめたいこと、自分にとって良い気づきを得た内容。

(2)授業者に質問したいこと。できることなら「気づき」を促すような質問を。

(3)その他

差し障りなければお名前を→

※この用紙は委員会に提出してください。委員会から授業者へ配布します。フィードバックの方法をお選び下さい。

1．このまま渡して良い　　2．氏名がわからないようにワープロで打ち直して伝えて欲しい

3．その他（　　　　　　　　　　　　　　　　　　　　　　　　）

埼玉県立越ヶ谷高校授業研究委員会

◎「授業者に以下の点についてフィードバックしてください」

ここから下は授業見学後に書いてもらう欄です。ここに、目的を意識した方法が現れます。

①「授業者の良い点、ほめたいこと、自分にとって良い気づきを得た点」

第一に授業者を傷つけないことを意識しています。さらに「自分にとって良い気づきを得た点」と示すことで、見学者が自分自身や自分の授業をメタ認知することを促進しようとしています。例えば「プロジェクターは良さそうですね。私も使ってみようと思いました」と書いてあれば見学者にとっては良い気づきがあったと言えます。さらに、それは授業者にとってもうれしいことであり、自信を持つことにもつながります。

②「授業者に質問したいこと。できることなら『気づき』を促すような質問を」

ここも「批判」ではなく、質問によって授業者に「振り返りと気づき」が起きることを狙っています。「気づきを促すような質問」は高度な要求です。しかし、これはそこに向かって意識して欲しいという願いを込めて入れています。

③「その他」

アドバイスしたい人はここに書くだろうという予想をしています。しかし、アドバイスはかなり意識して書かないと批判的なニュアンスになりがちです。そこでこの空欄は極端に小さくしました。だらだらと批判的な意見を書けないようにしてあります。

◎**「差しさわりなければお名前を」**

本音は「名前を書いて欲しい」ところです。しかし、書きたくない人もいます。この授業者には名前を示したくない人もいるかもしれません。部外から来て見学しているので記録に残したくない人もいる可能性もあります。中には管理職が人事評価の材料にするのではないかと疑っている人もいます。そんなあれやこれやを考慮してこういう表現にしてあります。

◎**「この用紙は委員会に提出してください…」**

この「授業見学用ワークシート」の扱いは後述しますが、基本的にはこのワークシートを授業者に渡すことを考えていました。個人情報保護などの視点から文句が出るかもしれないという意見が委員会の中で出ました。そこでこういうただし書きを入れることにしました。このあたりは現場の実情に応じて自由にアレンジしてください。

ほぼワンウェイの授業見学の方法の提案と気づき

このワークシートは大半の授業がワンウェイだった時に有効でした。そのころの私が気がついたのは、「授業を前方から見学すると生徒の様子がよくわかる」ということでした。何かの本に書いてあったので試してみた時の発見でした。

まず見学の位置は教室前方、生徒から見て教壇の右側が最適です。どの教室でもこの場所は生徒の出入りのために空いています。そこに椅子を持ってきて生徒の方を向いて着席します。この位置は授業者には見えないのであまり邪魔にはなりません。見学者にとっては授業者が見えないので、そのパフォーマンスに目を奪われることなく生徒を観察できます。でも、声は聞こえているので授業の流れは把握できます。

これにより生徒の様子が実によくわかります。顔を上げて集中している、よそ見してる、眠そうにしている、寝ている、机の中のスマホで遊んでいる…などです。慣れてくるとひと目で生徒たちの集中の度合いが把握できるようになります。これができると、廊下からでもできます。前方のドアのガラス越しに中を見通せる学校なら廊下を歩きながら素早く何クラスも見ていくことも可能です。最近の私は研修会講師として伺う学校に早めに行ける時は、研修会前に廊下から授業を見学させてもらって、その学校の授業の概要を把握するようにしています。

15 授業見学者はグループワークが始まると混乱する？

前述した「授業見学用ワークシート①」は「生徒が黙ってじっとしている時間が長い授業」を見学する時には現在でも十分に役立ちます。しかし、グループワークを多用する授業を見学する時にはこれから紹介する「授業見学用ワークシート②」のほうが役立つと思います。このワークシートが必要だと感じ始めた経過から述べていくことにします。

グループワークが始まると混乱する？

もう数年前のことです。私が関わってグループワークを多用する授業が一気に広がった高校での話です。かなり有名な学校なので公開授業研究会にはたくさんの人が参加します。私が時々アドバイスしていたA先生の授業を見学に行きました。私の物理授業とほぼ同じ形式なので、最初に少し説明をしてから、グループワークが始まります。とたんに見学者の皆さんが生徒たちのグループ席に近づき取り囲んで見学を始めました。授業者からは生徒の様子も教室全体の様子も見えなくなってしまいました。

「これはまずい」と思った私はA先生のところに近づき「私が見学者に注意して周りに戻るように言おうか？」と声をかけました。「うーん…いえ…たぶん生徒たちは続けることができると思います。このままでよいです」との回答だったので、そのままにしました。その後、この学校では「授業見学のルール」を設定しているようです。

これと同じことが日本中で続発しています。私の方法を多用し始めたある中学校の公開授業では、かなり難しい課題を出して生徒たちが迷いながらもワイワイ考え続ける場面がありました。これは良い課題だったと思います。最近の私はこういう時に、生徒と授業者の様子だけではなく見学者の様子も観察しています。すると後方のグループのところで三人の見学者が生徒と一緒に話し合いに参加していました。「いやいや、そうじゃないと思うよ。こっちから見てみるとよくわかるでしょ…」と生徒の意見を批判し、自分の考えを提案というか押しつけています。

これは生徒と授業者にとっては大きな迷惑と感じた私は「公開授業全体の指導者・講師」として介入しました。「すみません、ちょっとこちらに…」と廊下に出てもらい、「生徒に話しかけないで見学してくださいね」と注意しました。あとでわかったのですが、遠方からわざわざ参加されていた校長先生と教育センターの指導主事の方でした。指導的な立場にある人にとっても陥りやすい問題だということです。

こんな事例もあります。最近の私は継続的に指導に行く高校や中学校では研修会の一貫として生徒向けの授業を行うことがあります。すでに数十回行ってきました。その時にも同様のことが起きます。最も困るのは「生徒たちに話しかける先生たち」です。授業のテーマと関係のない部活動の話で声をかける先生や、問題を解くために話し合っている生徒たちに解答を教える先生たちがいます。「ほら、黙っていないであいつに質問しろよ」などと声をかける先生もいます。私は授業者としてこれらの先生たちにはその場で注意して離れてもらうようにしています。

15　授業見学者はグループワークが始まると混乱する？

これ以外にもたくさんの見学者たちの「問題行動」があります。なぜ、こんなことになるのでしょうか？　私は、その背景には二つの理由があると思っています。そして、これらが新しい「授業見学用ワークシート②」を開発した理由でもあるのです。

グループワークになると見学者が乱れる第一の理由

二つの理由のうちの第一の理由は、理数系の私独自の理屈っぽい話です。全体の流れにはあまり関係しないので、苦手な方は読み飛ばしてください。その第一の理由は「授業中は黙ってじっとしているべきである」という固定観念が先生たちの身にしみついていることによって「当然起きること」だと思われます。形式論理学の公式が見事に当てはまるからです。

基本的な命題は「①〈A授業中である〉から〈B黙ってじっとしている〉」です。これは従来の学校の授業の感覚では【真】です。この命題の「逆」は「②〈B黙ってじっとしている〉から〈A授業中である〉」となります。なんとなく正しそうな気もします。①の命題の「裏」は「③〈A授業中でない〉から〈B黙ってじっとしていない〉」になります。

そして「②の裏」＝「③の逆」＝「①の対偶」は「④〈B黙ってじっとしていない〉から〈A授業中ではない〉」となります。形式論理学では①の命題が【真】であれば、その対偶である④の命題も【真】ということになっています。つまり「授業中だから黙ってじっとしていなくてはならない」ということを「正しい」と強く思っている人ほど、生徒が「黙ってじっとしているのではなく」＝「しゃべったり動いたりしている」状態は「授業中ではない」と感じてしまうということになります。そうすると、授業中であるにもかかわらず、雑談したり、生徒に話しかけたりし始めるということになります。形式論理学の正しさを改めて認識することになります。

形式論理学は「一定の範囲」では正しいのですが、その範囲を超えてしまうと誤謬《ごびゅう》に転化します。この場合で言えば「授業のあり方」を「先生が説明して生徒が黙ってじっとして聞いている形式だけである」と固定してしまうと、正しいとは言えなくなってしまうということです。子どもたちの「学び」に重点を置いていこうとしている現在では、「授業のあり方」を形式ではなく、生徒の「学び方」から見ていくことが必要になります。これが第二の理由につながります。

16 グループワークの時に何を見るべきか

グループワークになると見学者が乱れる第二の理由

グループワークが多い授業になると見学する先生たちが乱れるように見える第二の理由は、「何を見ればよいかがわからなくなる」ことにあるようです。これまでのワンウェイに近い授業を見学する時には大半の見学者たちは教室の後ろに立っていました。そうすると生徒たちの後ろ姿と授業者の顔が見えます。当然、授業者のパフォーマンスに目を奪われます。説明の仕方、板書の仕方、生徒たちに対する指名の仕方…などなどを見て、「私もこんな風に説明できるようになりたい」と感じては、その真似をするようになっていったものです。

ところがグループワークが始まると…それも次々と指示を出し続けるグループワークではなく、比較的長い間を生徒たちに任せるグループワークになると、その間授業者は際立った活動をしていないように見えます。生徒たちも「黙ってじっとしている」わけではなく、様々な動きを呈します。この状態になった時に多くの見学者たちは「何を見てよいか」を見失ってしまいます。その結果は「生徒たちがにこにこしていたのが良かった」「寝ている子がいなかったのが良かった」という感想で終わるか、「あんなに良い子たちだからできるんだよね」「うちの生徒たちにはできないよね」…ということになってしまうのです。

「生徒が良いのですね」

それを実感したエピソードがあります。私が新しい物理授業を始めて軌道に乗ってきたころに、勤務していた越ヶ谷高校で埼玉県教育委員会が「知識構成型ジグソー法」を取り入れて大々的に始めた授業改善研究で行う初めての公開授業研究会が行われました。指導者の故・三宅なほみ先生が陣頭指揮をされることもあり、県内外から高校教師だけでなく、大学、国立教育研究所、埼玉県立総合教育センター、東京大学CoREFなどから多くの方が参加されました。私は授業研究委員会の行事担当者として、当日の日程調整・受付や弁当の手配などの仕事をしていました。

当日、公開対象とした授業は三コマでした。たまたま、その隙間の時間に私の物理授業が入っていました。誰かが「面白い物理の授業をやっている人がいますよ」と宣伝してくれたようで、多くの「お偉い先生方」が見学にいらっしゃいました。このころ私の授業は口コミで知られるようになり、外部から授業見学は頻繁でした。この時の授業は三年生でしたので突然の多数の見学者にも慣れたものです。「まただね」「今日はいつもよりちょっと人数多いかな」……程度の反応で、いつも通りの授業風景となりました。

見学者の中には長年、教育相談で一緒に仕事をしたり研究をしたりしてきたB先生が総合教育センターの指導主事として入っていました。そのB先生が昼休みに物理室に来て「小林さん、おつかれさまでした。すごい授業をつくりだしましたね。感動しましたよ！」と絶賛してくれました。「ありがとう。ようやく教育相談・カウンセリングを生かした授業になったと言えそうだよね」

と応えました。「でもね…」とB先生の表情が陰ります。「一緒に見学していたお歴々の反応は違うんだよね」。「へー。どんな反応なの？」「口々に、『生徒たちがいいよね～』『あんな生徒たちだから、こんなに長時間生徒たちに任せても集中できるんだね』…という反応なんだよね～」

私はこの時、B先生の不満の中身がわかっていませんでした。続けて彼が話したことで大きな気づきを得ることになりました。

授業をどう見学するべきか

「僕は『生徒がいい』で終わらせたら何にもならないと思うんだよね。「生徒がいい」ではなくて、『生徒が良くなった』ということなんだよ。越ケ谷高校の生徒が特別良いわけじゃないし、小林さんの物理のクラスが特別じゃないことは、少し考えれば誰にでもわかることだよ。

このクラスの生徒たちだって最初はほかのクラスの生徒たちと同じだったはず。それなのに、こんなに〈なった〉ということに着目すべきなんだよ。小林さんがこの生徒たちに何をしたのか、何をし続けた結果がこんなすごい授業になったのか、それを考えたり、質問したりするべきなんだよ。それなのに『生徒たちがいいよね』で終わったら、何も得るものがないんだよね」

今振り返ってみるとB先生は授業を見た先生たちが私を評価してくれなかったことを私に代わってくやしがっていてくれたのかもしれません。「授業なんて他人に見せてほめてもらうためにやるもんじゃないからね」と言い続けていた私の態度にイライラしていたのかもしれません。その気持ちはありがたいことです。でも私にとっては彼のこの発言は大きな発見につながりました。

「良い生徒だからできる」と見るのではなく、「良い生徒になったからできている」と見るべきだし、「そうなった」背景には授業者が「何かをし続けてきたことがあるはず」と問いかけるべきだということです。

その「授業者がやり続けてきたことは何か」がわかれば、自分の授業に持って帰ることができ、試すことができます。試行錯誤は起きるでしょうが、このプロセスをつくることができれば、他者の授業を見学することは授業者にとって自分自身の授業改善の役に立つということになります。このプロセスをワークシートに落とし込むことができれば、誰でも「それなりに」このプロセスを歩くことができるし、繰り返すことでその質を高めることもできるはず…。これが「授業見学用ワークシート②」をつくる大きな基盤になりました。

17 授業見学用ワークシートの改良

別冊ワークシート❺参照

「授業見学用ワークシート②」の考え方

ここからは別録ワークシート⑤の「授業見学用ワークシート②」を参照しながらお読みください。「研究授業の見学」から「振り返り会」までを以下のように一貫した流れで考えています。

① 研究授業を見学している時

〈A生徒の様子（良い点中心）、特に変化を観察する〉↓〈Bその変化の理由を推測する（四つの要素で考える（後述））〉↓〈C授業者に対する質問を考える（コンパクトな質問）〉

② 「振り返り会」の時

〈D生徒の良い点を伝える（ほめる）〉↓〈E上記を支えている授業者の意図・実践・背景などを理解するための質問をする（コンパクトな質問と回答）〉↓〈F授業者の回答を基に気づきを得て次の行動計画を書く（リフレクションカード）〉↓〈G授業者に対して気づきのフィードバックやアドバイスを書く（「ラブレター」）〉※FとGは逆順になることもある。

新学習指導要領の大スローガンは「主体的・対話的で深い学びの実現」です。つまり生徒たちの学びの質に注目することが必要だということです。そこで左図のような意識で見学することをお勧めします。

授業見学用ワークシート②

氏名

書き方の詳細については裏を確認ください。

◎見学したのは→　　　　　　　　先生の　（講座名）

月　（　）　時限：1，2，3，4，5，6，7　該当箇所に○をつけてください。

1. 生徒の様子に着目して、授業中に起きた「よい点」、「取り入れたい面」など、自分が再現（強化・改善）したいと思ったことをメモしましょう。（そのように思った根拠も明示しましょう）

気づき欄（座席なども）

2. 自分が再現したいと思った内容は、教師のどんな活動に支えられていたと思いますか？以下の４つの分類を意識しながら書いてください。分類方法は裏を参考にしてください。

項目/具体例	授業者の効果的な活動	取り入れて実践する上での疑問
A しくみ 目的、目標、構成、ルール、雰囲気等		
B しかけ 道具、題材、問題、ワークシート等		
C 教え方 専門知識、板書、声の調子、ティーチングスキル		
D 支え方 場をつくる、場を読む、介入する、ファシリテーションスキル		

ヒントをもとに行動計画を作成するときの留意点。

1　一般解を求めない。(目の前の生徒に役立つことを考えましょう)
2　負担の少ない改善を考えましょう。(毎日続けられる授業改善を！)
3　生徒の声を聞きましょう。(生徒の声が最高のアドバイス＆ヒント)
4　仲間の力を借りましょう。(話してみる、質問してもらう・・

生徒も先生も学習
成長するしくみを
つくりましょう。

授業見学の時の視点

まず第一に「生徒たちに何が起きていたか」を見ます。その主な対象は「教室全体と各グループ」です。個人は「気になる生徒」を見る程度で十分です。肝心なのは具体的に何を見るかです。私はグループで話し合っている時の生徒たちの姿勢・首と手の動き、立ち歩く時の歩き方くらいで十分だと思っています。熱心に話し合っていれば姿勢は前傾し、手や首が動きます。止まっていたり、後傾していたらあまり活性化していない可能性があります。ただし、ある瞬間だけで判断するのは禁物です。例えば、みんなでじっくり考えるため沈黙している時や、たまたま、横を見ていたのかもしれません。そこで少なくとも数分おきには全体や各グループを見渡すことです。

こうして観察していると生徒たちの様子の変化が見えてきます。「だらっとしていたグループが急に真剣にやり始めた」「話し合いの声が多くなった」「お互いに教えたり質問したりという活動が増えた」…などです。このように「良い点」に注目します。「あら探し」は第一義的な視点ではありません。これが第二のポイントにつながります。

次にはそれらの良い点は「なぜ起きたか」を考えます。ここで「生徒が良いからだ。うちの生徒とは違うなあ」と見てしまったら学びになりません。生徒に起きていることは極端に言えば「全て授業者が働きかけた結果」であるくらいに見てもよいと思います。授業者がその場で何か働きかけたから生徒が変わったのです。プリントの「その部分」に効果的な要素が入っていたのかもしれません。あるいは、長い間繰り返し行われてきたこの授業の積み重ねが生徒たちの学びの質を変えてしまったのかもしれません。なぜ起きたのか、なぜこんなに良い授業が実現しているのかがわかれば、自分の授業に持ち込むことができます。

最後に「授業者が何をしたのか」が簡単にわかることもあります。例えば出題している問題が「適度に難しい。生徒が簡単には解けない課題だから協力し合うのだろう」と想像できることもあります。しかし、これはあくまで「推測」です。これを確かめることが必要です。そこで「質問を考える」ことが第三の課題です。この質問の仕方によって学びの質が変わってきます。

例えば「問題の難易度がカギだと思うのですが、この授業で出した問題はどんな考えで出したのですか?」と質問する人がいます。この前半部分は「自分の意見の表明」です。押しつけや誘導になりがちです。これに対して「適切な難易度になるように意識しました」と回答して終わりになると、具体性が欠落してしまいます。これらを乗り越えるためには「この問題はどうやって選んだのですか?」「この問題を選んだ時に期待していたことはどんなことですか?」などの質問のほうが、自分の授業改善のヒントを得ることができる可能性が高いと思われます。

とは言え、この質問を考えるのはなかなか難しい過程です。そこでワークシートの中に「考えるヒント」を埋め込むことにしました。それがP79のシートです。授業者が何かをやっているから生徒たちの学びの質が向上しているととらえていますが、その要因は次の四つの中にあると考えてよさそうなのです。その四つは、「①しくみ(structure)」「②しかけ(device)」「③教え方(how to teach)」「④支え方(how to facilitate)」としました。この視点に沿って見学した授業の良い点の理由を推測します。そうすると質問してみないとわからないことがはっきりしてきます。

18「授業見学用ワークシート②」の使い方

別冊ワークシート❺参照

別冊ワークシート⑤の「授業見学用ワークシート②」は初めて使う人たちにも使えるように裏面に詳しい説明をつけました。ここではそれをそのまま掲載します。補足は「※」で示します。

授業見学用ワークシート②の使い方　裏面

1. 他人の授業を見学する目的は「自分の授業に生かせるヒントを得る」ためです。そのために以下に注目します。

①授業者の言動だけに注目しないで、むしろ、生徒たちに目を向けてください。特に「クラス全体や各グループの雰囲気とその時間的変化」「生徒の発言や行動の様子やその時間的変化」に注目してください。それもできるだけ「良い点」「取り入れたい面」に注目します。

②それらを「気づきの欄」に記入してください。可能であれば、「そう感じた具体的な根拠（事実）」もメモしておいてください。

（例）クラス全体が活気がある感じがした（笑顔の生徒が多い、下を向いている生徒やじっとしている生徒がほとんどいない）。

※しばしば聞かれる「子どもたちの目の色が変わった」などの文学的な表現に私はついていけないことがしばしばあります。科学的な研究のためには客観的な事実の把握や記述、表現を大事にしたいと思っています。

③ここに書いたことが、この授業で「いいな」と感じたところです。それを「振り返り会」で発表してください。

※この「振り返り会」で「良い点を伝える」＝「ほめる」場面では特に「具体的であること」を強調したいものです。ここで「子どもたちの目の色が変わっていた」「子供たちがいつも以上に一生懸命だった」ではなく、「一〇分間の話し合いの最中にテーマ以外の話し合いの声はまったく聞こえなかった」「いつも遊び始めるA君のいるグループも最後までテーマに集中して作業していた」などと伝えたいものです。

2. 次に「気づき欄」で取り上げた「良い点」を自分の授業で再現するためのヒントを考えます。

①その「良い点」は必ず担当教師がしている「何か」が原因になっています。その原因を探り、それと同じことを自分が実践できたら、その「良い点」を再現できる可能性が高い、と考えています。

②そこで、表にあげた「四つの分類」を手がかりに、授業者の実践のどこが「良い点」を支えているのかを考えて記入します（※ここは推測になります）。

18 「授業見学用ワークシート②」の使い方

③ ここで考えたことを、自分の実践に移そうと具体的に考えると、疑問が生じます。それを、振り返り会の時の、「気づきを促す質問」で出します。

例えば、授業観察の結果、良い点として「生徒たちが先生に頼ることなく最後までお互いに協力して問題を解いていた」と記入したとします。それがなぜ起きたのかを推測します。この時のヒントが「Aしくみ」「Bしかけ」「C教え方」「D支え方」の視点です。

「Aしくみ」に原因があるとしたら授業者が冒頭でこの時間の「ルール・態度目標」として「チームで協力する」と提示していることが効果をもたらしているのかもしれない。そのことを確認できたら自分の授業にも取り入れることができそうだ、と考えを進めいくと、これを質問することを思いつきます。「このルールは効果的でしたか?」「このルールはどうやって思いついたのですか?」などの質問が可能になります。次に他の例も含めて示します。

【授業者の効果的な活動】 → 【実践する時の疑問・質問】

「Aチームで協力するというルールが効果的」 → 「あのルールはどうやって考えついたのですか?」

「B練習問題の配列や数が生徒の能力にマッチしている」 → 「練習問題の質や量はどのように決めているのですか?」

「C簡潔で短い説明だから演習時間を十分に確保できる」 → 「簡潔な説明をするためにどんな準備をしていますか?」

「D『チームで協力できていますか?』の介入が効果的だった」

↓「どのチームに、いつ、なんと言って介入するかの指針はありますか?」

3．「気づきを促す質問」はアクティブラーニング型授業のスキルとしても大切です。「振り返り会」の肝になる箇所です。ぜひ、「役立つ質問」「全員に価値のある質問」を考えてください。

とは言え、素朴な疑問が大きな効果をもたらすこともあります。色々な質問、疑問をメモしておいてください。

4．「振り返り会」の中ではアドバイスを発言してもらう時間はないと思います。その代わりに「ラブレター」を書いてもらいます。この時、「愛と勇気を伝える精神」が大切です。この精神で授業者に役立つアドバイスや役立つ文献や人を紹介してください。

授業見学用ワークシート②の使い方　表面

上段の数行は「授業見学用ワークシート①」と同じ意図です。現場の状況に合わせてアレンジをしてください。

18　「授業見学用ワークシート②」の使い方

1．生徒の様子に着目して、授業中に起きた「良い点」「取り入れたい面」など、自分が再現（強化・改善）したいと思ったことをメモしましょう（そのように思った根拠も明示しましょう）。

※授業者の「あら探し」をするよりも、良い面に目を向けるように表現しています。これも状況に応じてアレンジしてください。

2．自分が再現したいと思った内容は、教師のどんな活動に支えられていたと思いますか？以下の4つの分類を意識しながら書いてください。分類方法は裏を参考にしてください。

※「4つの分類」を変更したり、「授業者の効果的な活動」「取り入れて実践する上での疑問」の欄を変更することも可能だと思います。現場でアレンジを進めてください。

最下段の「ヒントを基に行動計画を作成する時の留意点」の詳細は次節で述べます。

左図は研修会で説明用に使用しているスライドです。ご参考に。

〈構造化を基に疑問を意識化しましょう〉

1 しくみ(structure)
目的、目標、構成、ルール、雰囲気、教室の構成‥

あの態度目標はどうやって考えついたのだろう？

2 しかけ(device)
道具、題材、プリント、問題、ワークシート、座席、表示‥

あのプリントの問題の配置にはどんな意図があるのだろう？

3 教え方(how to teach)
専門知識、声の調子、板書、ティーチングスキル‥

説明するときに何を意識すれば、あんなに早く終わるのだろう？

4 支え方(how to facilitate)
場をつくる、場を読む、質問で介入する、振り返りを促す、ファシリテーションスキル‥

活性化していないチームが活性化した時に、どんな意図でどんな働きかけをしたのだろう？

これらの疑問を「振り返り会」で質問しましょう。

19 行動計画を作成する時の留意点

研修会は成功…授業改善は進まない？

私は学校単位の研修会講師に行くことが多くなっています。ありがたいことに、研修会の最中は寝る人もなく、質問もたくさん出て、終了後も残った人たちでの質問会が続き、懇親会も盛り上がります。リフレクションカードでも「感動しました！」「目からウロコが何枚も落ちました！」「今までで最高の研修会でした！」などの絶賛をいただきます。しかし、数か月後か一～二年後に伺うとさほどの変化があるようには見えない……ことがあります。私は講師としての責任を果たしているのだろうか自問自答することもしばしばです。

そんな中で「行動計画を作成する時の留意点」の大事さを感じることが増えてきました。現場の校長先生からこの四つの項目のうちの一つ二つについて「ぜひ強調して欲しい」と依頼を受けて解説したこともあります。研修会後の実践の質的向上のためにこれらを取り上げます。

一般解を求めない

かなり多くの先生たちが「いつでも、どの生徒たちにも、どこの学校でも、効果のある授業をつくろうとしている」ような気がすることがあります。ある先生は「研究授業でかなりうまくできたと思ったことがあるのですが、指導主事の先生に『この学校ではうまくいったけど、あのやり方では進学校では通用しませんよ』と批判されて落ち込みました」というエピソードを語ってくれました。そんなトラウマをお持ちの方もあるのかもしれません。

指導的な立場にある方や理論家には「一般解」を持つことが必要だと思われますが、実践家としての授業者にはそれよりも「個別解」の追求をお勧めしたいものです。「今、目の前にいる生徒たちのために役立つ授業」が「正解」なのです。私は一〇年以上前に高校物理の改善をしました。その時には先行研究も文献もほとんどありませんでした。でも大した問題ではありませんでした。私にとっての良い授業かどうかの判断基準は「目の前の生徒たちだけ」で十分でした。彼らが居眠りしないで、喜んでくれて、成績が上がる授業は良い授業だからです。

「他の学校では通用しない」と批判されたら「その現場に行ってから、そこの生徒の声を聴きながら、その現場に合わせた授業をつくります。今の私の問題は今の目の前生徒たちなのです！」と言い返して欲しいものです。

負担の少ない改善を考えましょう

大切なのは「毎日続けられる授業改善」です。公務員の定年延長も決定しました。六十代になっても毎日続けられる授業改善をしましょう。個人の生活を充実させ、家庭円満に力を注げるような授業改善を続けられるようにしたいものです。そのためにＩＣＴ機器を始めとして仕事を効率的に進めるための知識やスキルを更新し続けたいものです。リンダ・グラットンの言う「生産性資産」が大事だということです。

生徒の声を聞きましょう

現場の校長先生から「ここは大事だと思う」「ここがみんなと小林さんのやり方との大きな違いだと思う」言われるのはここです。私は「困ったら生徒に聞く（質問する、尋ねる）」ということが当たり前でした。これは新しい物理授業を始める時もそうでした。「来週から新しい授業を始めます」と宣言しました。「どんな授業?」という質問に「私が説明しないでみんなが考える授業」と答えると一斉にブーイング。焦った私は「じゃあ、三回トライアルをしよう。みんなの意見を聞きながら三回やってみるね。三回目におおむねみんながOKならその形で進める。みんながノーなら元の形に戻す。これでどう?」と提案。この三回のトライアルで私の物理授業の原型ができました。

ここからスタートした私の授業なので「例題を説明するかどうか」など迷うたびに生徒たちに聞いていました。「例題を説明する授業と説明しない授業」をやってみて意見を聞くなどということもしばしばやりました。こういう姿勢を見せると生徒たちは普段でも色々な意見や改善のアイデアを寄せてくれます。生徒に寄り添った授業改善になります。独りよがりの授業改善ではなくなります。

たぶん真面目な先生たちは「授業の責任は自分にある。だから全部自分で考えて決めなくてはならない」と考えがちなのではないかと思います。確かに決定と実施は授業者の責任において行われるべきです。しかし、その過程では生徒たちの声を聞くほうがはるかに効果的です。生徒たちとの「対話的な学び」を実現して欲しいものです。

仲間の力を借りましょう

「目の前の生徒を大事にする」ことと合わせて「現場の仲間を大切にする」ことを強くお勧めします。全国で行われる様々なイベントに積極的に参加し続ける人がいます。自分の現場で毎日の授業改善が進んでいるのだろうかと余計なお世話ですが気になることがあります。メディアに出たりイベントで登壇したりしている人が現場の先生たちや生徒たちから疎まれている話を聴くこともあります。私は外部での学びより、他校の生徒が受けている授業より、現場での学び、同じ学校の生徒たちが受けている授業からのほうが学びは大きいと感じています。

それを実現するために役立つことは「研究授業」や「振り返り会」をきっかけに現場の仲間の先生たちの授業を見に行くことです。見に来てもらうことです。現場の仲間にならスライドの作り方、参考文献などの情報など、イベントでは聞けない話を聞くことができますし、具体的なノウハウや手ほどきを受けることもできます。何より身近に「同志」がいることの心強さは有難いものです。

20 二つの補足

別冊ワークシート❻参照

ここでは〈大人数で行う時の「振り返り会」の進め方〉〈『批判されたい』という授業者への対応〉の二点について補足しておきます。

大人数で行う時の「振り返り会」の進め方

第二章で取り上げてきた「振り返り会」は基本的には一〇～一五名程度の人数で行うことを前提にしています。これは越ヶ谷高校での実際に沿って開発したものだからです。しかし、最近は校内研修会などで使うことも増えてきました。そこで二〇名以上、数十名程度で行う場合の進め方について補足しておきます。変更するのは「良い点を伝える」「質問をする」の二か所だけです。

まず座席です。少人数の場合は一つのテーブルまたはいくつかの机を口の字型に並べて行いますが、大人数の場合はグループ席にします。各グループは四～六人くらいが適当です。「授業者からのひとこと」に続いて「良い点」を伝えるところでは次のように指示します。

「授業を見て良いと感じたところ、自分の授業にも取り入れたいと感じたところを各グループで出してください。出た意見を〈授業を見学して良いと感じた点〉のワークシートに箇条書きで書き出してください。文章は具体的でコンパクトな表現にしてください」

時間は三～四分でよいと思いますが状況を見て加減してください。次に発表の仕方について次のように指示します。

「では各グループから発表してもらいますが〈対話的な学びを促進する〉ためにも〈気づきを得やすくする〉ためにも以下の点を意識して発表してください。①書いたものを読み上げる。②余計な補足や言い訳などをしない。③前のグループが発表したことは省く。例えば『三つあります。一番目は…、二番目は…、三番目は…、以上です』という感じです」

こう指示しておくと無駄な時間がなく引き締まります。なお、進行役は各グループが書いた箇条書きの表をこの段階が終了したら回収して、次「質問を考える」グループワークの時に授業者に渡しておくことがお勧めです。これを授業者に予告しておくと、授業者はメモに気を取られることなく、じっくりと聞くことができます。

※このプロセスを確実に進めるための補助として別冊ワークシート⑥「良い点を伝える」を追加しました。このシートを全員または各グループに一枚配布して話し合ってもらい、発表する人はこのシートを読み上げてもらうとよいと思います。

その次の「質問と回答」に進む時も同様に次のように指示します。

「次は質問を考える時間です。まずは各自で付箋紙に質問を書き出してください。一枚に一つの質問を書き出してください。そのあとグループ内で共有してどの質問をするかを話し合ってください。話し合ううちに思いついた質問も付箋紙に書き出してください。

なお、質問をする時は〈良い点を伝える〉時のように代表が伝えるのではなく、個人で質問します。誰がどの質問をするのかも決めておいてください」

20　二つの補足

「授業者を傷つけない振り返り会」用ワークシート　「良い点を伝える」　年　月　日(　)　班名

1　多人数の時に使います。「良い点を伝える」時に各グループで出た良い点を以下の表に書き出します。
2　「ほめる」の原則は「具体的に」「本気で」。「○○が□□なのがよかった」のようにコンパクトに表現します。
3　発表は各グループごとに代表の方が「書いてある通りに」読み上げてください。コンパクトな発言が気づきを深めます。
4　このカードは司会者が回収して授業者に渡します。

No	「良い点」「取り入れたい点」（コンパクトに書きましょう。書いたとおりに読み上げましょう）	提案者	その他
1			
2			
3			
4			
5			
6			
7			
8			
9			
10			
11			
12			

※必要なら「提案者」欄をお使いください。他のチームが発表した内容と同じなら「その他」欄にチェックして発表は省略します。
※欄が不足したら裏もお使いください。

この時間は五〜六分かそれ以上とってもよい気がします。〈質問したいこと〉のワークシートを作成して一覧にしてもらう方法も良いと思います。質問に入る時に次の指示をします。

「では質問を始めますが、質問はグループ代表の質問ではなく個々人で質問してください。順不同です。手を挙げていただいて指名された方から質問してください。できるだけコンパクトな質問をしてください。二つ以上質問をしたい方は一つずつ質問してください」

※この補助として別冊ワークシート⑥「質問を考える」をつくりました。全員で質問をセリフのレベルでブラッシュアップして、そのメモの通りに質問することで質問スキルも向上します。

この多人数で行う時の問題点として、「授業者が何もすることがない時間」が生まれてしまいます。「グループで良い点を考えている時間」、「グループで質問を考えている時間」、「全員がラブレターを書いている時間」です。やることがない時間は「つまらない」だけではなく「不安になるのではないか」と気がかりでした。そこで、授業者用ワークシート「気づきを書く」をつくりました。これがあると授業者は暇を持て余すことがなくなり、振り返りをすることができます。

「批判されたい」と言う人への対応

この「振り返り会」の流れを説明すると、それに反対する授業者が時々います。「私はほめられて伸びるタイプではなく、叩《たた》かれて頑張るタイプなので、どうぞ批判してください」という具合です。これに対して私は次のように「意見」を言います。参考にしてください。

20　二つの補足

「授業者を傷つけない振り返り会」用ワークシート　「質問を考える」　年　月　日(　)　班名

1 多人数の時に使います。「質問を考える」時に各グループで出た質問を以下の表に書き出します。
2 質問をグループ内でブラッシュアップしましょう。「コンパクトで」「建設的な」質問にしてください。
3 「質問」は代表質問ではなく「提案者」が挙手して個人的に質問してください。できるだけコンパクトな発言が気づきを深めます。
4 質問と回答を聞きながら思いついた質問も大切です。自由に挙手して質問してください。
5 このカードは司会者が回収して授業者に渡します。

No	質問(コンパクトに書きましょう。できるだけ書いたとおりに質問しましょう)	提案者	その他
1			
2			
3			
4			
5			
6			

※必要なら「提案者」欄をお使いください。質問できた質問には「その他」欄にチェックしてください。思いついてした質問は書き足してください。
※欄が不足したら裏もお使いください。

「ほめられたい、批判されたい、というご要望を個人の好みの問題で済むことならそれに合わせてあげたいと思う気持ちはあります。しかし、〈職場〉あるいは〈研修会〉という公的な場で行うことはあまり良くないと私は感じています。理由は〈体罰〉〈パワハラ〉〈セクハラ〉などにつながりかねないからです。

この理論基盤は生涯発達心理学の〈アタッチメント（愛着）の継承〉にあります。簡単に言えば〈人間は自分が育てられたようにわが子を育てる〉ということです。虐待を受けた子供が親になるとわが子を虐待するという事例もこの理論で説明できます。

授業者としての成長も同様だと推測しています。〈叩かれて成長した授業者〉は〈生徒を叩いて育てる教育者〉や〈後進を叩いて育てる先輩教師〉になるのではないかと危惧しています。この連鎖は次世代にも伝わる可能性があります。これを断ち切りたいのです。

また、もう一つの理由があります。〈ほめる・質問する〉で授業者に起きることは〈自分を振り返り気づく力〉〈自分自身をメタ認知する力〉を育成することです。この力が〈主体的な学び〉を促進することは様々な理論書が取り上げています。〈叩かれて成長してきた方〉にはこれを機会に新しい学び方や成長の仕方を理解して欲しいと思うのです。そのことがこれから求められる教師の力を身につけることになると確信するからです」

「授業者を傷つけない振り返り会」用ワークシート　授業者用「気づきを書く」　年　月　日(　)氏名

1　「ほめるを聞いている時」、「質問を受け回答をするとき」に感じたことや気が付いたことをメモしておくことをお勧めします。
2　メンバーが「ラブレター」を書いている時間に、各グループが書いた「良い点を伝えるワークシート」「質問を考えるワークシート」を読みながら、更に感じたことや気が付いたことを書いてください。それらを基に「リフレクションカード」を書いてください。
3　「振り返り会」の最後に「授業者としてのひと言」の時間があります。率直な感想や気づきを述べてください。

みなさんが「良い点を考える」を書いている時に、自分でも「うまくできた点」を書いてみましょう。その上でみなさんからの発言と比較しましょう。

「ほめる」を聞いて「感じたこと」「気づいたこと」をメモしましょう。

「質問と回答」の時間に「感じたこと」「気づいたこと」をメモしましょう。

みなさんが「ラブレター」を書いている時に、上記のメモを振り返りながら最後の「授業者のひと言」で話す内容の原稿を書きましょう。

※紙面が不足したら裏もお使いください。この用紙は回収しません。
※「研究授業」の準備から「振り返り会」までお疲れさまでした。

3章 現場に応じた様々な工夫と気がかり

この章では主に二つのことを取り上げます。

一つは「授業研究」の方法に関する補足です。例えば「授業見学週間（互見週間）」の活性化の方法や「振り返り会」を設定しない（できない）場合の方法です。いずれも越ケ谷高校で実践したり、研修会講師として現場で指導したりしている方法です。私に近い人が講師として招かれている場合もあります。さらに現場に応じてアレンジするヒントにして欲しいと思います。

もう一つは、研修会講師をしていて「気がかり」になってきたことと、リフレクションカードの中で「役に立った」という反応が多いことについて補足していくことにします。

21 授業見学週間を活性化した「見に来てください カード」

別冊ワークシート❽参照

「見に来るなオーラ」が出ているから行けません…

たぶんかなり前から「授業見学週間」はどこの学校にもあったのだろうと思います。しかし、「誰も行かない」のが現実だったようです。二〇〇七年頃の越ケ谷高校でもそうでした。授業研究委員会が発足して、それまで教務部が担当していたこの仕事は委員会で企画実施することになりました。その会議の冒頭でのやりとりです。

「校長からは『活性化しろ』と言われています。どうしましょう?」

「あの期間中は誰の授業を見学に行ってもいいんですよね」

「そういうことになっているよね」

「でも…私は去年見学に行って、嫌になっちゃったんですよね」

「なんで?」

「C先生（ベテランで迫力のある先生）の授業を見学に行ったんです。後ろのドアを開けて入りながら、前を見たらC先生と目が合ったんです。そしたら、『てめぇ～、何しに来たんだ!』と言わんばかりの形相でにらみつけられちゃったんですよ。もう怖くて行けませんよ～」

一斉に大笑いです。

「まあ、そうだろうね」「C先生ににらまれたら怖いよね」

しかし、これは根深い問題だと気づくことになりました。当時、私は五五歳。元・空手家ということも多くの先生が知っていましたから、私が見学に行った時に、私に対してそんな喧嘩《けんか》を売るような反応をする人はいませんでした。この若い先生の体験は私の盲点でした。

その問題についてみんなで真剣に考えました。その結果は以下のような問題把握から解決策へとつながりました。「要するに〈見に来るなオーラ〉が出ていると気軽に見に行けない…が本質的な問題だね。逆に言えば〈見に来てちょうだいオーラ〉が出ていれば、見に行きやすいということだよね」

というわけで編み出したのが〈見に来てくださいカード〉でした。見学週間が始まる一週間くらい前にA5サイズのカードを職員室の全員の机上に一枚ずつ配布し、「期間中に見に来て欲しい授業の概要を書いて提出箱に入れてください。それをまとめて一覧表をつくります」と案内し、集まったカードを基に一覧表をつくるだけです。

見に来てくださいカード　　**授業研究委員会**

※来週(○/□(月)～○/△(金))の授業見学週間中に「見に来て欲しい授業」を下記に書いて

1　お名前	
2　教科科目等 教科・科目 学年・クラスなど	
3　時間・教室	
4　見学上の注意	
5　その他	

提出してください。授業研究委員会でまとめて一覧表を作成します。

※締切は○/■(金)です。職員室××机上の箱に入れてください。

「見に来てくださいカード」のデザインの効果

このカードの内容は前のページにあるように実にシンプルです。まずは「日時、教科科目名、担当者名、教室」です。次に「授業の特徴」と「見学上の注意」の欄をつくりました。ここに授業者の皆さんは色々なことを記入してくれました。

例えば特徴としては以下のような記述がありました。「パワポとプロジェクターを利用して板書ノートなしの授業を毎回実践しています（私の授業です）」「英語の本文をプロジェクターを使って映しています（当時としては画期的でした）」「大半の授業時間にグループワークを取り入れています」「全員女子の英語のクラスです。コーラスリーディングはとてもきれいですよ」「作品制作の授業ですが、生徒同士の交流が盛んです」…などなどでした。これらを読んでいるだけで、みんなが色々な授業にチャレンジしているのがわかります。どれもこれも見に行きたくなり、空き時間が足りないと感じるくらいでした。私はそういう時は、授業見学週間以外の時に見学させてもらっていました。他の人も同じようなことをしていたようです。

「見学上の注意」も時々面白いものがありました。「見学するなら最初から最後まで見てください。途中退出禁止」「前のドアからも入れますが、後ろから出入りしてください。出入り口にプリントを置いておきます」…授業者のこだわりや真剣さも伝わってきます。これまで、お互いの授業について何も知らなかったのですが、「見に来てくださいカード」によって、他の先生たちの授業に興味を持つことができました。

安全安心の場が活性化と主体的な学びを促進する

たったこれだけのことなのに、授業見学週間は一気に活性化しました。「研究授業」と「振り返り会」を教科を超えて実施していたことも功を奏して、管理職がチェックするなどの強制力が全くないにもかかわらず、毎回一人平均二回以上、時には三回以上の見学回数になりました。

この理由は二つあると思っています。一つは「二重の安全安心の場ができたこと」です。まずは「見に行く人にとっての安全安心」です。授業者が「見に来て」と提示しているのですから〈見に来るなオーラ〉は絶対にないから安心して見学に行けるということです。二つ目は授業者にとっての安全安心です。この方法をとると「見に来てくださいカード」を出していない授業にはほとんど見学者は訪れません。それでも見学したい人は「カード出ていないけど見学に行ってよいですか？」と打診してくれます。つまり、不意打ちをくらうことなく、少し手を抜く時間と精神的な余裕もできるということです。本来は良いことではないのかもしれませんが、このくらいのゆとりは欲しいものです。いずれ大多数の授業者が「いつでも見に来ていいよ」と言い出せば、この方法は発展的に解消し、リメイクされることになるでしょう。

逆に言えばしばしば見聞きする「見学回数を一覧にしたり、管理職に報告させてチェックする」「三〜四人のグループを作ってその中で相互に見学することを義務づける」などは、授業者の安全安心が脅かされ、「主体的な学びを促進する」ということが困難な構造になっている気がします。

22 教員同士の対話を促進したクリップボードなどの工夫

クリップボードの採用とワークシート回収・配布のシステム作成

新しい活動を組織の中に入れるためには、準備やルーティンをシンプルなものにし、可能であれば「見た目もスマート」に整える必要があると思っています。そこで授業研究週間の実施に向けて次のような構造をつくり出しました。これがなかなか効果的でした。

① 一〇〇円ショップでA4サイズのクリップボード（紙挟み）を一〇〇枚購入しました。
② 授業見学用ワークシートをクリップボードに挟み込みます。
③ ワークシート&クリップボードを箱に入れ職員室の出入り口に並べます。隣に回収箱も設置します。
④ 見学に行く人はこの箱からワークシート&クリップボードを持っていきます。
⑤ 戻ってきたら「ワークシート&クリップボード」を出入り口に置いた回収箱に入れます。
⑥ 委員会は回収したワークシートをコピーして三部にします。
⑦ コピーの一部は記入者（授業見学者）に返却します。一部はその授業者に配布します。最後の一部は委員会で保管します。

クリップボードの採用は私のこだわりでした。それは授業を見学する先生たちの「見た目をスマート」にしたいからでした。今でも一番多いのは「手ぶら」で行く先生たちです。この先生たちはしばしばポケットに手を入れたり、壁に寄り掛かったりします。緊張感が少ないせいか、生徒に話しかけたり、同僚同士で雑談を始めたりするのも「手ぶら」の先生たちに多い気がします。

また「手ぶら」で行くと何かメモしたくなった時も大変です。ポケットの中の紙切れや、授業で使っているプリントのあまりなどにメモしますが、台紙がないので困ります。教室の後ろに置いてある進路指導用の本を台にしたり、壁にメモ用紙を押し付けて書いたりすることになります。

これらの様子を生徒が見たらどう感じるかが私には大きな気がかりでした。クリップボードを使うとこれらの問題の大半が解消されます。でも「一〇〇円でも一〇〇枚買うと一万円。そのお金はどうしたの？」との疑問も出てきそうです。この対策については後述します。

振り返り会がなくても対話が生まれた

このシステムをつくる時に委員会はさほどの効果を期待していたわけではありませんでした。せいぜい「個々の授業に振り返り会を設定できないから、見学し人たちのワークシートを授業者に渡すことにしようよ」「黙って見られて終わりよりも気持ちいいよね」程度の発想でした。

ところがこの見学用ワークシートをもらうと授業者が声をかける場面が散見されるようになりました。「見学してくれてありがとうございました」「おほめの言葉うれしかったです」などの社交辞令的な会話から、「あの質問にお答えしますね。今、いいですか？」「いいとも」と深い話になることもありました。休み時間に廊下ですれ違いざまに授業者と見学者が「いや〜良い授業を見せてもらいました。刺激を受けましたよ」「いやいや、お恥ずかしい。見ていただいてありがとうございました。ご質問にはあとでお答えに伺いますね」というやりとりを見たこともあります。なんだか今まで学校内で見たことのない風景だなあ〜と感じたこともありました。

そのころ委員会で「小林さん、最近、職員室内での雰囲気が変わったと思いませんか?」と問われました。勤務時間の半分近くの時間は物理準備室にいる私はこの質問の意味がわかりませんでした。「うん? 何かあった?」「最近、授業見学をしたことについて話し合っている人が増えた気がするんですよね」「そうそう、『あの授業よかったよ〜』とか『あの資料どうやってつくったの?』とか言っているのを私も聞きましたよ」とほかのメンバーも入ってきました。どうやら教科を超えてあちこちでそんなことが起きているようでした。そう言われてみると、私の近所の席でいつも「生徒の悪口を声高に愚痴る先生たち」の声もあまり聞かなくなった気がしました。

「確かに、少し雰囲気変わってきたかも…というか…、じゃあ、今まで職員室での話題ってなんだったのかね?」若い先生がニヤリとして続けます。「たぶん、管理職の悪口、生徒の悪口、保護者の悪口ですよ」。一同大笑いとなりました。

最後に「クリップボード代、一万円」をどう捻出したかです。授業研究委員会のタスクの一つは毎学期の授業評価の企画実施分析でした。このためのマークシート代も委員会予算に入っていました。マークシート代はなかなかの高額です。これを削減しようとチャレンジしたのが「普通紙マークシート」でした。簡単に転換できてマークシート代はゼロになりました。その分をクリップボード代に回したということです。「普通紙マークシート」は経費削減には有益です。

「見に来てくださいカード」が出ている授業一覧（これ以外の授業も見学対象です）

A　いつでもOKです。気軽に来てください。（井上）

B　初めての油彩画を通して自己と環境（空間）の対峙の意識を育てる。（松本）

C　小中学校で基本的なことを押さえられていない生徒が多いので、正直、どこまで話を繰り下げればよいのか困っています。見学が生徒の集中力を奪うことのないようご協力下さい（授業中の出入りなど）。（杉山）

D　水泳の場合にはしぶきがかかってもよい服装と裸足でお願いします。（山崎）

E　たまたま、ぜ～んぶ女子のクラスです。ペアワークなども取り入れています。女の子だけでリピートの声が美しいです。（福田）

F　『学びあい』で授業しています。授業中私の説明はほとんどありません。生徒の活動中心です。生徒がどんな話しをしているか聞いて、あとで教えてください。（下山）

K　『学びあい』、LTD、学びの共同体、学習者中心主義などを基に授業を研究しています。パワーポイントによる説明、学びあい、確認テスト、と段階を経ます。全体を見て欲しいものです。（小林）

G　あまりできないけれど、やる気のある生徒達が頑張って文法問題を解いています。服装もきちんとしてくれています。（田村）

H　いつでもどうぞ。ただし役立ちません。来ていただいた方は必ず指名します。（田嶋）

I　英語dではパワーポイントのスライドや動画を使用します。ペアワークやグループワークもやっています。（三上）

J　プレゼンソフトなどの予定です。授業経験が少ないので多くの先生のからのご意見をいただけたらと思います。見学スペースが狭いですが、後部ドアから靴を脱いでお入り下さい。（石井）

	6/16(月)	6/17(火)	6/18(水)	6/19(木)	6/20(金)
1限	Gライティングb （田村、2-8教室） H古典c （田嶋、2-7教室）	Aリーディングa （井上、3-2教室） D保健体育②b （山崎、2-5教室）	B美術Ⅰ （松本、美術室） D体育④ （山崎、会場？？）	C国語総合 （杉山、1-3教室） D体育②b （山崎、会場？？） F化学Ⅰ （下山、1-4教室） H古典演習c （田嶋、3-6教室）	H古典演習c （田嶋、3-6教室）
2限	C国語総合 （杉山、1-4教室） D体育②c （山崎、会場？？）	C国語総合 （杉山、1-3教室） D体育②b （山崎、会場？？）	A標準ライティングb （井上、3-2教室） C国語総合 （杉山、1-2教室） E英語Ⅱa （福田、2-5教室）	Aリーディングa （井上、3-2教室） D保健体育②b （山崎、2-5教室） I英語Ⅱd （三上、2-8教室）	A標準ライティングb （井上、3-4教室） F生物Ⅰ④c （下山、生物講義室） H古典d （田嶋、2-6教室）
3限	※古典基礎c （竹部、3-8教室） A標準ライティングc （井上、3-4教室） H古典d （田嶋、2-6教室）	C国語総合 （杉山、1-6教室） H古典上 （田嶋、2-3教室）	A英文法b （井上、2-4教室） C国語総合 （杉山、1-6教室） D体育②d （山崎、会場？？） H古典演習b （田嶋、3-4教室）	C国語総合 （杉山、1-6教室） H古典c （田嶋、2-7教室）	C国語総合 （杉山、1-4教室） D体育④ （山崎、会場？？） I読解英語 （三上、3-8教室） J情報 （情報C、PC室）
4限	C国語総合 （杉山、1-2教室） D体育④ （山崎、会場？？）	A標準ライティングb （井上、3-2教室） E英語Ⅱa （福田、2-5教室）	H古典c （田嶋、2-7教室）	A英文法b （井上、2-4教室） C国語総合 （杉山、1-4教室） F化学Ⅰ （下山、1-6教室） H古典演習b （田嶋、3-4教室）	Aリーディングa （井上、3-2教室） D保健体育②b （山崎、2-5教室） K物理Ⅱa （小林、物理室）
5限	※古典基礎d （竹部、3-8教室） C国語総合 （杉山、1-3教室） D体育②b （山崎、会場？？）	A標準ライティングb （井上、3-4教室） H古典d （田嶋、2-6教室）	H古典演習c （田嶋、3-6教室）		A標準ライティングb （井上、3-2教室） C国語総合 （杉山、1-2教室） F生物Ⅰ④a （下山、生物講義室） K物理Ⅰ④ （小林、物理室）

※印の竹部先生の授業に関しては放課後、「振り返り会」を行います。メモ用ワークシートを持ってきてください。2コマとも同じ授業です。「振り返り会」　物理室　17:30～18:30

23

「振り返り会」を設定しない方法

別冊ワークシート❾参照

公開授業研究会などでの難しさ

授業見学週間を設定しようとしても困難なケースが二つあります。

困難なケースとして一つ目は大学・専門学校などのように授業時間が長い場合です。長時間の見学は困難です。

これを克服する取り組みの一つが動画撮影です。一～二台のビデオカメラで授業全部を撮影し、一〇～一五分程度に編集して研修会で視聴し、指導者が講評するという方法です。しかしこれには二つの問題点があります。一つは撮影・編集にかかる労力と時間が大きいこと、もう一つは撮影と編集に主観が入りがちなことです。他にも現場で感じる「教室の雰囲気」はほとんどカットされてしまうことも大きな欠点だと思っています。

困難なケースの二つ目は、授業時間が短くても、小中高校などでよく行われる公開授業などで一斉に複数の授業公開が行われる場合です。大勢の見学者が各授業に殺到はするものの、授業者側にとっては見学者との対話は生まれにくく、「授業者としての学び」は少ないことになりがちです。

私は高校教員時代にはこの種の問題とは無縁でした。定年退職後に多くの学校で講師やイベントの制作側を務めるようになってから、これらの問題に直面しました。そこでたまたま知ること

二種類のシートを準備する

ができた栃木県総合教育センターの方法をアレンジして編み出したのが以下の方法です。

まず二つの準備をします。一つは下図右の「授業見学者用ワークシート③」（別冊ワークシート⑨表面を参照）です。要点はシンプルです。ワークシートに色の違う二種類の付箋紙（六センチ四方が最適）が貼ってあります。これが「いいねカード」と「質問カード」です。

もう一つの準備は下図左の模造紙です（別冊ワークシート⑨裏面にA4サイズ縮小版を収録）。この模造紙の上半分は「いいねカード」を貼る欄、下半分には「質問カード」を貼る欄です。横軸は「前半」「後半」として時間軸を示してあります。

見学者は見学用ワークシートをクリップボードに挟んで見学に行きます。模造紙は廊下または研修会場などに置いておきます。

科目名	いいね！	前　半	後　半
		＜全体を通して＞	
教員名	質問	＜全体を通して＞	
		前　半	後　半

授業研究会で使用する付箋です。

授業見学者にに会場に貼ってある模造紙に
「いいね」と思った点（黄緑色の付箋）、「質問（水色の付箋）を貼ってもらいます。
付箋1枚につき、1項目でご記入ください。各授業1枚ずつ使用してください。

科目名	いいね！	いいね！と感じた点（一つの付箋に一項目） いいね！と感じた点（一つの付箋に一項目）	黄緑色の付箋には「いいね！」と感じたことを記入。
教員名	質問	質問したいこと（一つの付箋に一項目） 質問したいこと（一つの付箋に一項目） 質問したいこと（一つの付箋に一項目）	水色の付箋には「質問」を記入。

109　第3章 ● 現場に応じた様々な工夫と気がかり

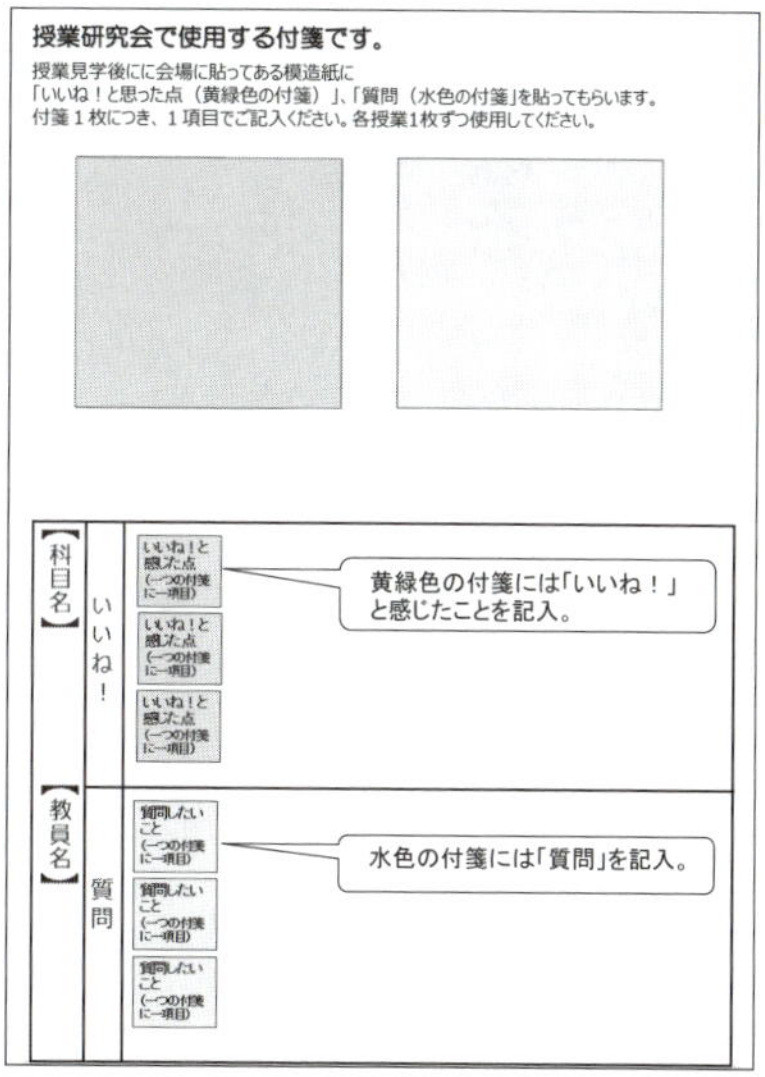

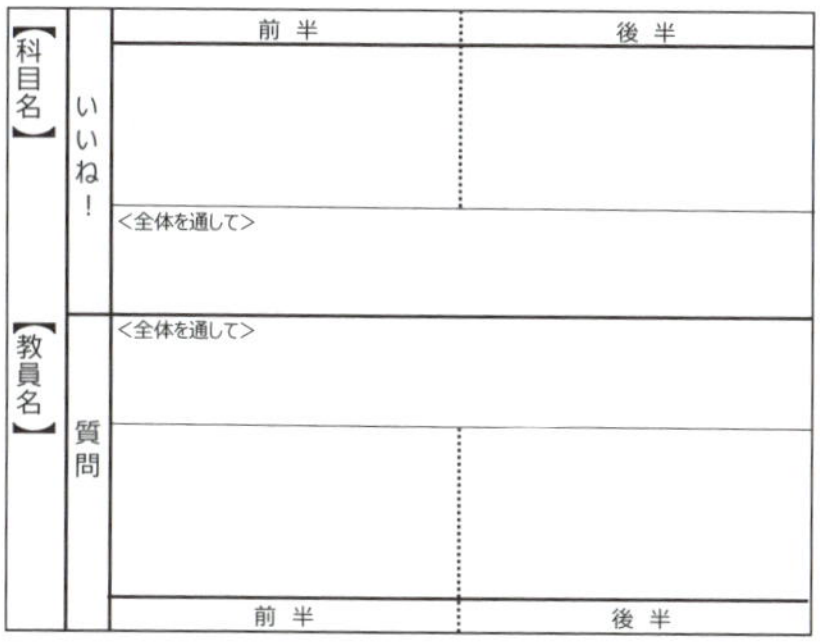

見学者が「いいねカード」と「質問カード」を書いて模造紙に貼る

実際の進め方です。見学者は見学用ワークシートにメモを取りながら見学します。その内容を振り返って授業者に対して「いいねカード」と「質問カード」を書きます。

「いいねカード」は「振り返り会」の「良い点を伝える・ほめる」に相当します。したがって、「具体的に書くこと」が大事になります。例えば「生徒が一人も寝ていないのが良かった」「いつも笑顔で説明したり生徒と対応してるのが良い雰囲気をつくっていました」などと書くことになります。

「質問カード」は「振り返り会」の「質問と回答」に相当します。具体的でコンパクトな質問にすることが大事です。そのために六センチ四方程度の付箋紙が手ごろです。

このそれぞれのカードを見学者は模造紙に貼ります。「いいねカード」は上段に、「質問カード」は下段に貼ります。この時に横軸の「前半・後半」に気を付けて貼り付けます。例えば「生徒が寝ていないのが良かった」と見たのが授業の後半だったとすれば、上段の右側に貼ることになります。「質問カード」も同様に時間軸を意識して貼る場所を決めます。

「振り返り会」なしでも授業者の学びになる

「振り返り会」がなくても授業者はこの「いいねカード」と「質問カード」で振り返りと気づきを得ることになります。「いいねカード」で良いと言われると「工夫していたことを『よかった』

※以下からダウンロードできます。
http://www.tochigi-edu.ed.jp/center/cyosa/menu.htm
関連資料
「組織力の向上を図る校内研修の充実（平成 22 年度調査研究）」
「校内研修の充実に関する調査研修（小・中・高・特）（平成 28 年度調査研究）」

と書いてもらってほっとした。自信になった」と前向きになることもあります。あるいは「質問カード」で「グループワークの時も先生に質問してよいのですか?」とのコメントを見て「生徒たちでやらせるつもりなのに、私が頻繁に生徒に話しかけたり質問に回答していたことを実感できた。今後はもっと生徒たちにやらせるようにしたい」という気づきを得ることもあります。

さらに、この模造紙をボートに貼って広い会場でポスターセッションのような形式で変形の「振り返り会」を行う方法もあります。見学した人たちが興味のある授業者のところに行って質問したり、他の質疑応答を聞いたりしながら気づきを得ることも多いようです。この時に授業者が説明してばかりいると効果は半減するような気がします。できるだけ、見学した人たちからの質問を中心に進めるようにすることをお勧めします。

レポート作成につなげる方法も効果的

授業者である初任者が模造紙のカードを記録して、それに対する振り返りをレポートにするという方法があります。栃木県で教えてもらった時には初任者指導に使っていました。初心者以外にも役立ちます。

この方法の出典は栃木県総合教育センターの研究です。以下を参考にしてください。

「授業評価と授業研究会に関する参考資料（高等学校）―校内研修を通した授業改善を目指して―（平成一九年度調査研究事業）」※

24 年度当初の授業見学週間の効果

年度初頭の授業研究週間

最近は多くの学校で授業見学週間が設定されているようです。その時期はおおむね、五～六月と一〇～一一月のようです。様々な行事で慌ただしくない時期を避けるとそうなるのだと思います。それはそれでよいのですが、ここでは四月の年度当初の授業見学週間を提案します。

何年か新しい方式の授業見学週間を続けた後で、私はこの年度当初の授業見学週間を提案しました。「年度当初っていつ?」と聞かれて「ガイダンス的な行事が終わって通常の教科の授業が始まったところから二週間」と答えると、「そんな無茶な」「忙しい時期に無理だよ」と否定的な意見が返ってきました。「別に忙しいと言っても、ワークシートなどの準備は委員会でやるのだから、みんなの仕事が増えるわけではないでしょ」と言い張って、少々強引に押し通してしまいました。

しかし、やってみると大好評でした。まずは転入してきた先生や新任の先生たちに大好評でした。またその四月から越ケ谷高校で授業を担当する常勤・非常勤の先生たちにも大好評でした。次に、転勤しないで在籍している先生たちからも、「これいいね」と徐々に賛成の声が広がりました。実は管理職からも「助かる」とこっそり囁《ささや》かれたこともあります。何が良かったのか、以下で説明します。

転勤してきた先生たちにとってのメリット

「小林さん、よくこんなことを思いつきましたね。転勤してきた私にとっては最高の授業週間ですよ」と喜んでくれたベテランの先生もいました。要約すると以下のようなメリットがあったということでした。

・今まで教えていた学校とは偏差値が違うからどうやって指導すればよいかわからなかった。同じ教科の先生たちの授業を見せてもらうことで、生徒たちのレベルがおおむね把握できた。教材準備の方針を立てることができた。

・他の教科の授業も見に行くと、生徒たちがどんな反応をするのかが把握できた。大学進学を目指しているから生徒たちはガリガリ勉強しているのかと思ったけど、案外のんびりしているし、人当たりも良いので安心できた。

・先生たちが色々な形式の授業をやっていることがわかった。そんな授業をやってもいい学校なんだとわかった。私もプロジェクターを使ったり、グループワークに挑戦してみたりしようかという気になった。

・自分はほとんど一年生の授業しか担当しないのだけど、二年生・三年生の授業を見学することで、生徒たちの将来の様子をイメージすることもできた。校風・伝統をなんとなく理解できた気がした。

・色々な先生の授業を見ることで信頼できる先生とそうではない先生の識別もできた気がする。
やっぱり授業がうまい先生は頼りになる気がする。困った時には誰に相談しようかというめどもたった気がする。

私もそうでしたが、新しい学校に赴任すると生徒の様子もわからないし、ほかの先生たちがどんな授業をやっていて、どんな風に生徒たちを動かしているのかわからないのが不安でした。ずうずうしい私は一人であちこち見学して回っていましたが、この見学週間があれば、内気な人でもあちこち見て回ることができるというのが大きなメリットです。

採用試験合格を目指して勉強している非常勤講師の先生が次のように語ってくれたのもうれしいことでした。「いくつかの学校を掛け持ちしているのですが、どこの学校に行っても他の先生たちの授業を見たことはありませんでした。非常勤講師は指導してもらうこともないし、他の先生の授業を見せてもらうのも気が引けるのです。この週間は本当に良い勉強になりました。」

留任している先生たちにとってのメリット

転勤しなかった先生たちにとっては生徒たちは目新しくもありませんが、この先生たちにとってのメリットは「転勤してきた先生たちの授業」を見学できることでした。スキルの高い先生とそうではない先生を見つけることができるというメリットがあります。

スキルの高い先生を見つけるとうれしくなります。「この先生にならこのクラスを任せておける」と感じたり、その先生と授業について語るのが楽しみになったりします。逆にスキルの低い先生を早く見つけることも大事です。越ケ谷高校では「下手で困る先生」を見たことはないのですが、私はそれ以前の勤務校で担任としてヒヤリとした経験があります。

当時、二年生・理系の進学クラスの担任でした。物理の授業も担当していましたから生徒たちの意欲も学力も高いことに担任としては満足していました。一学期の中盤くらいの時期の授業中にたまたまその教室の前を通るとざわざわと騒いでいます。のぞき込むと生徒たちは遊んでいます。「先生がいないのかな?」と思って見てみると先生は教壇にいます。帰りのホームルームで「あの授業中の態度はひどいね」と言うと生徒たちは一斉に大反論。「あの先生の授業がひどいんですよ」「嘘だと思うのなら見に来てくださいよ」「僕たちも困っているんだから…」。

驚いて改めて授業を見学するなどして確認すると生徒たちの言う通りでした。教科主任と相談してあれこれと対応して事なきを得ましたが、発見がもっと遅かったら大問題に発展していたかもしれません。年度当初の授業見学週間では、担任の先生は自分のクラスを担当している先生の授業を見学に行くこともして欲しいものです。授業に関わるトラブルを予防するためにも役に立ちます。

同様のことは管理職の方々にも言えることです。転勤したばかりの管理職の方には校長室や職員室での教員の様子を把握するより、教室で授業をしている教員の把握から始めて欲しいものです。

25

成績が下がる授業改善？——現場で学ぶことの重要性

この節から最後までの五節は最近の授業改善の動きに関する私の気がかりと解決策の提言、そして「教師としての学び方」について述べることにします。

授業改善は進んでいるのだろうか？

「アクティブラーニング」の言葉が出てきて以来、これまで授業改善に無関心だった高校でも大きな動きが出てきました。それを支援するという形で様々な機関・大学・企業が研究会・学習会・イベントを開催しました。そこに多くの先生たちが参加しました。私もそれらのイベントのいくつかに登壇者や参加者として参加しました。何百人もの人が参加するイベントを何度も見てきました。多くの登壇者がすごい授業を実践してみせたり発表したりしていました。参加している人たちも笑顔と歓声でそれらに応え続けます。終了後の懇親会も盛り上がります。後で聞くと二次会、三次会と延々と続いたとの話もあります。それらを見ていると、授業改善はものすごい勢いで全国に広がるように感じました。

この原稿を書いている途中で（二〇一八年二月）某社の調査で「アクティブラーニング実施率は九割以上」との発表があり、新聞などでも引用紹介されました。しかし、よく読むと全国の高校四七〇三校に調査票を郵送し、そのうち回答があった一二〇三通を基に分析したとあります。

回答率はわずか二五％です。この調査分析方法に疑念を表明した記事は私の知る限りでは存在しませんでした。素直に読めば実施率は二五％以上九〇％以下ということです。

私の実感は二五％すら大きく下回ります。その根拠は現場です。私は多くの学校現場に伺います。そこで聞くのは「アクティブラーニングって何ですか？」「そんな授業が必要なんですか？」という無理解や反発です。授業を見せてもらうと伝統的な授業ばかり…始業チャイムが鳴り終わっても授業者が教室にいない、授業者の説明中に寝ている生徒はたくさん…授業者の目の前で熟睡している生徒がいてもまるで見えていないかのように説明をする授業者…そんな光景はどこの学校に行っても見られると言っても過言ではない状態です。

それぞれの学校が何もしていないわけではありません。何人もの有名な講師を呼んで校内研修会を開いています。県単位での研修会に何人もの教師を派遣しています。さらには「先進校視察」として全国の学校を回って見学し、校内で報告会も行われています。ものすごい予算と時間をかけ、努力はしているのです。それなのになぜ授業改善は進まないように見えるのでしょうか。

その根本的な原因が「現場軽視」にあるような気がしています。その具体的な解決策としてこの本では現場で学べる、同僚同士で学べる仕組みを提案したことになります。その上で、その現場軽視が起きる理由や構造、問題点などを論じることにします。

私は授業改善が当初予想よりうまく進まない原因を以下の四つにあるととらえています。第一は「新しい授業」に先進的に取り組み始めた先生たちがあまり成果を上げていないように見えることです。「授業改善に取り組んだら成績が下がった」という話はあちこちにあります。成績向上と学習意欲向上の具体的な工夫が広がらないということです。第二は外部に出かけ続ける人たちが自分の現場で浮いていたり同僚から反発されたりする傾向があることです。これは以前のカウンセリング・ブームの時にも起きていたことです。第三は「組織一丸」と標榜しながらワンウェイの授業や五十代・六十代が悪者扱いされていることです。第四は教科授業の経験もない外部組織や指導者の無責任な介入とそれに対する現場の依存性です。以下、順に述べます。

成績が下がる授業改善？

数年前から知り合っている先生たちに久しぶりにお会いすると「小林さんに会ってから（本を読んでから）アクティブラーニングを始めたのですが、今はやめました。以前の授業形式に戻しました」と言われることが時々あります。その理由はおおむね三つです。「成績が下がった」「教科書が終わらなくなった」「生徒や保護者から文句が来た」です。その文句が直接校長に行った場合には「校長からやめろと言われた」となる場合もあります。時には「やっぱりアクティブラーニングはダメですね」と付け加えられます。私はこの言い方には言語矛盾があると理解しています。学習指導要領に関して初めて「アクティブ・ラーニング」という言葉が出てきた「諮問（中央教育審議会・平成二六年一一月二〇日）」では次のように述べています。

（前略）そのために必要な力を子供たちに育むためには，「何を教えるか」という知識の質や量の改善はもちろんのこと，「どのように学ぶか」という，学びの質や深まりを重視することが必要であり，課題の発見と解決に向けて主体的・協働的に学ぶ学習（いわゆる「アクティブ・ラーニング」）や，そのための指導の方法等を充実させていく必要があります。こうした学習・指導方法は，知識・技能を定着させる上でも，また，子供たちの学習意欲を高める上でも効果的であることが，これまでの実践の成果から指摘されています。

（傍点は筆者）

これを素直に読めば、いわゆる「アクティブ・ラーニング」は成績が向上し子どもたちが喜ぶ授業のことを指しています。「成績が下がる、教科書が終わらない、生徒が文句を言う」はずがないのです。恐らくこの先生たちは「グループワークやペアワークを取り入れた授業」を「アクティブラーニング」と理解して、成績を上げる授業をつくる、子どもたちが意欲的になる授業をつくるという意識が欠けているのだと思います。

「何分間グループワークをやった」「全体の何割の時間にグループワークをやったか」ではなく、知識・技能の定着や向上（点数が上がる）を実現する授業のしくみや子どもたちへの働きかけ方を工夫すべきなのです。準備に時間のかかる「見た目に派手な授業」をたまにやるのではなく、見た目は地味でも「準備が簡単で効果があり毎日実践できる授業」をつくるべきなのです。

「そのために外部に出かけ続けて、良い授業のヒントを探し続けているのだ」との反論がありそうです。その効果が全くないとは言いませんが，高いお金と多大な時間を費やして，場合によっては生徒や同僚から誤解を受けるリスクも背負いながら、外部に出かけ続けるメリットがあるのでしょうか？　これについては次節で取り上げます。

26 現場で学ぶほうが実践的な効果が高い

越ケ谷高校授業研究委員会はほとんど外部に行かなかった

私たちが活動し始めたのは、もう一〇年以上前のことです。当時は「アクティブラーニング」という言葉もありませんでした。したがって、外部に学びに行きたくてもほとんど行くことができませんでした。このテーマに特化した書籍もほとんどありませんでしたから、私たちの学びの場はその大半が学校の現場であり、同僚たちとのやりとりだけだったと言っても過言ではありません。

その具体的な方法は、「まず、やってみる」でした。そして「生徒に聞く」「リフレクションカードを読む」でした。それらを基に同僚と相談したり、相互に授業見学に行ったりの繰り返しでした。授業のつくり方もこのように学校内部で学んでいましたし、この本で縷々《るる》紹介してきたように「授業者を傷つけない振り返り会」「新しい授業見学週間のしくみ」「見に来てくださいカード」などなどの発明は、書籍を参考にしながら、仲間と共に現場で創り上げてきたものでした。

外部に頼りすぎるデメリット

そんな体験をしてきた私から見ると、外部で学ぶより現場で学ぶメリットのほうがはるかに大きいと感じています。まずは私が感じている「外部に頼りすぎるデメリット」を列挙します。
・他校の「公開授業」は普段の授業とは言えない。
・「普段の授業」と授業者が言ったとしても、その授業準備に何時間かかったかわからない。
・その授業を受けている生徒の生の声はなかなか把握できない。
・優秀な授業者がその授業にどんなスキルやツールを使っているかは見えないことが多い。
・そのスキルを身につけるのにどんな訓練をしてきたかはなかなかわからない。

その結果、見学に行った先生や、報告を受けた先生たちの間では次のような感想が出てきます。


「すごい授業だけど、こんな手の込んだ準備を毎日やることは不可能だ」

「その学校の生徒は優秀だからできる。うちの生徒たちは能力も意欲も低いから無理」

「成績の良い学校だから生徒指導の時間はないんだよ。うちは生徒指導で忙しいから無理」

「全教室にプロジェクターが設置してあるからできるんだよ。うちの施設では無理」

「居眠りする生徒がいないというけど、うちの生徒は始める前から寝ているからなあ～」

「私と教科が違うから参考にならない」


要するに、他校の実践を見学したり動画などで紹介したりしても、多くの先生たちは「うちではできない言い訳」を瞬時にいくつでも思いつきます。あるいは、その先生の経歴を聞いて劣等感やコンプレックスを持ってしまうこともあります。「あの先生は中学・高校時代はアメリカにいたんだってさ。だからできるんだよ」「文部科学省に出向していたんだってさ。俺たちとはレベルが違うよね」「教育委員会から派遣されて大学院で学んでいたんでしょ。そんな時間は俺たちには与えてもらえないからね」などです。

現場で学ぶメリット

一方、現場で学ぶと以下のようなメリットがあります。

・「普段」の授業を見学に行ける。
・その授業を受けている生徒に感想などをすぐに聞くことができる。特に担任や部活動顧問などで近しい関係のある生徒になら「あの授業を受けていて本当はどうなの?」などの質問をすることもできる。
・授業者は同僚だから、背景にある考え方やスキルについていくらでも質問することができる。
・授業者が持っているスキルをどうやって身につけたかも空き時間などに質問できる。
・生徒に高度なワークをさせていたとしても、同じ学校の生徒なのだから、「自分のクラスの生徒たちにもできるだろう」ととらえやすい。あるいは、そのワークをさせるためにどんな段階的なトレーニングをさせてきたのかを質問したり、何回も説明を聞いたり、授業を継続的に見学させてもらったりして学ぶことができる。
・設備が同じだから使い方をすぐに教えてもらえる。

・自分が担当している生徒が別の科目の授業を受けているのを見ることができる。

これは現場でしかありえないことです。しかし、大きな発見があります。自分の授業では寝てばかりいる生徒が他の授業者の授業では全く寝ていないとしたら、その授業者の授業から学ぶものはとても大きいはずです。

現場で学ぶことは同志を得ること

私たち教師は学校の組織体制により、かなり分断されていると感じます。例えば、学年が違うと他学年の方針や、やっていることが全く違うことになりがちです。分掌が違うと雰囲気が大きく異なる場合もあります。進路指導部は生徒たちを支援して励ますけれども、生徒指導部は注意したり叱ってばかり…などです。なかなか全員が「同じ仕事をやっている」という実感を持ちにくい気がしています。

そんな中で授業改善に取り組んできて感じているのは、「授業改善をテーマにすると全員が結びつく」ということです。「授業をやったことがない教員はいない」からです。その意味でも現場で学ぶことを中心に据えると、仲間ができます。一緒に悩み、一緒に喜び…を重ねていくうちに「同志」と感じることも出てきます。私はこれが最大のメリットだと感じています。逆に外部にばかり目が向いていると、そのつながりが損なわれるリスクがあります。

27 トップは見捨てられている？

新しい授業には新しい考え方とスキルが必要

前述したように新しい授業（グループワークやペアワークを取り入れた授業）に挑戦した先生たちがやめてしまう現象は続いています。その理由の根本は「生徒たちの成績が上がらないから」です。「ついていけない」「つまらない」「受験に役に立たない」と多くの生徒たちが感じる授業なら、居眠りする生徒や遊ぶ生徒が続出するのは当然のことです。せっかく取り入れたグループワークなども、これらを解決できるしくみにしなくては意味がないし、「教科書が終わらない」「成績が下がった」などの結果になり、やめなくてはならなくなるのです。

二〇〇七年に独力で授業改善に取り組んだ私は誰にも指導してもらえなかったので、私のセンセイ・相談相手は「生徒たち」でした。新しいことをやろうとしては生徒に相談し、やったら意見を聞き、改善したらまた意見を聞き…を繰り返していました。もちろん、授業中にも観察し、働きかけ方でも多くのチャレンジをしました。その結果わかったのは、「新しい授業には、これまでの授業とは異なる考え方やスキルが必要だ」ということでした。私が気がついて取り入れ成果を上げてきたポイントを簡単に列挙します。

①何よりまず生徒たちを「安全安心の場」に置くこと。これがないとワークは現象だけになる。

②グループワークを活性化するために目標・時間設定を生徒に明示する。
③何をやるかを示す「内容目標」とともに、どう学ぶかを示す「態度目標」がとても有効
④一方的になりがちな説明は一五分程度が生徒の集中力の限界。短時間の説明が効果的
⑤グループワークが始まったら巡回指導をして生徒たちを観察し続けることが有効
⑥グループワーク中の全体への指示や講義はワークの質を低下させる。
⑦巡回指導中は「批判・禁止・命令」ではなく、チームごとへの「質問で介入」が効果的
⑧「質問で介入」はメタ認知力を向上させ、自己調整型の主体的な学びを促進させる。
⑨低学力の生徒にも解ける簡単な問題・課題を必ず入れる。
⑩必ず振り返りの時間をとり、リフレクションカードを書かせる。

下位層の点数を上げるのは簡単

私がこの授業に挑戦した時に「自信が持てたのはどれくらいたってからですか？」という質問をよくいただきます。私の回答は「初回」です。理由は単純です。下位層の生徒たちが誰も寝なかったからです。私の話を聞く、問題を解く、友だちに質問する・説明する…どの過程でもこれまでにない集中力を発揮していたからです。

実際に定期テストですぐに「下位層は消滅」しました。今まで寝ていた生徒が起きているから当然です。教材作成のコツは下位層の生徒でも解けそうな問題を一つは入れる、解答解説をつける、安全安心の場を確立して自由に話し合ったり立ち歩いたりできるようにするなどです。

27　トップは見捨てられている？

意外に多く聞こえてくるトップ層の不満

次に立ちはだかるのが「上位層やトップの成績を上げる」ことです。これを実現しないと生徒たちはこの種の授業に飽きてしまいます。時にはトップ層が反乱を起こします。私の授業でもトップがつまらない顔をした一瞬を覚えています。これはどこでも起きているようです。

様々な雑誌や新聞、現場で多くの先生たちから聞いた話を基にすると、以下のようなトップ層の不満があるようです。「人に教えるよりも自分の勉強をしたい」「課題が終わると先生が『まだ終わっていない人に教えて』というので自分の勉強ができない」「練習問題はやさしすぎて自分のためにはならない気がする」

先生たちに悪気はないものの、結果的にトップが見捨てられているということです。私はここを「トップでも簡単に解けない問題」を配列し、「教えることを強要しない仕組み」＝「わからない生徒が質問したり教えてもらいに行ったりすることを促進するしくみと働きかけ」にすることで「対話的な学び」を実現しました。トップを見捨てないで成績向上を実現することが不可欠だということです。

生徒全体のコミュニケーションスキルを向上させるという考え方

私は物理授業改善に挑戦した時に「生徒たちのコミュニケーション能力の低さ」にさほど苦労はしませんでした。それは越ケ谷高校の生徒の状況や、私がカウンセリングやグループワークのベテランだったことなどによります。

しかし、多くの学校、特に小中学校に関わるようになると、この問題はかなり大きな問題だと理解しました。校種や学校の状況によっては、教科授業とは別のところで、学校全体の生徒のコミュニケーション能力を高める方法も必要です。この方法を紹介します。

実践したのは鳥取市立桜ヶ丘中学校です。当時の校長（中宇地昭人先生）が私の授業モデルを全教科に導入するのに先立って、その前の年から名城大学教授・曽山和彦先生が提唱されている「短時間グループアプローチ」を取り入れました。全校で「一週間に一回。各一〇分間」です。その結果、生徒たちがグループワークをうまくできるようになり、成績向上も実現したのです。その詳細は雑誌※1に掲載してもらいました。参考にしてください。

実は桜ヶ丘中学校は数年前までは県内有数の「荒れる中学校」でした。四つの小学校から入学してくることも要因だったようです。そこでこの「短時間グループアプローチ＝桜咲《さくさく》タイム」を小学校に輸出してやってもらい、中学校に入学してもやります。すると仲良くなれるので、現在では以前荒れていた学校とは思えない落ち着きぶりです。この詳細は曽山和彦先生の著書『誰にでもできる中1ギャップ解消法』（二〇一九年、教育開発研究所）に詳しく書いてあります。参考にしてみてください。

※1 『月刊高校教育』（学事出版） 連載「管理職のためのＡＬ入門」2019年3月号、4月号

28 ワンウェイ授業とベテランは悪者？

斬新なスローガンと古典的思考方法

「主体的・対話的で深い学びの実現」という斬新で素晴らしいスローガンは、その斬新な表現とは裏腹に現場では古典的な思考方法と組織論が蔓延《はびこ》っているようです。以下はオックスフォード大学教授・苅谷剛彦氏の意見です。「大学」を「高校・小中学校」と読み替えても通じます。

現在、日本の大学人は教育改革に振り回され疲れ切っている。その原因は理念と現場のギャップであり、その根底にあるのは思考形式の違いにある。改革を進める側の思考は明治以降継続している「演繹型の政策思考」である。先進諸国の制度や理念を抽象的に理解し、その翻訳と解釈を基にして「現状を未来に進めるべき」という演繹的思考が根底にある。

しかし、科学的思考は「現実を基に考える帰納的思考」と演繹的思考の両方を用いるべきである。この思考方法の偏りが現在の混乱の根本原因である。※

「理念と現場のギャップ」を古典的な「演繹型の思考」で埋めようとするか、「現実に基づいた帰納的思考」で埋めようとするかは大きな違いを生みます。この点で気になる事例を三つとりあげて論じます。一つは私の授業改善の方向は単なる「授業改善」であったこと、他の二つは演繹型思考がワンウェイ授業とベテランを悪者扱いしていることについてです。

※「日本経済新聞（2019年4月9日付朝刊）」の
苅谷氏の投稿を基に筆者が要約

必要なのは現実を基に考える帰納的思考法

私の物理授業は「文科省の理念をいち早く具現化した」などと各方面でほめていただきました。しかし、「理念を基に演繹的思考で作った授業」ではありませんでした。単に「現場の現実を基に考えた授業改善」を続けていただけでした。私は現場の先生たちに「理念に振り回されることなく」現場に密着した授業改善を進めて欲しいと切望しています。その視点から私の授業改善が如何に「現実を基にしていたか」をここで述べておきます。

アクティブラーニングと言う言葉もなかった二〇〇七年にそれまでより偏差値の高い高校に転勤した私は「大学進学実績向上」「物理選択者数増加」の指示を校長から受けました。

当然、この設定された目標に対する現状分析をします。前任者の授業の評判は「教科書が終わらない」「模擬試験は悲惨な点数」「理系進学を断念する生徒が続出」でした。「越ケ谷高校の物理授業はつまらない」「物理授業は昼寝と内職の時間」「実験なんて全くない」などの噂が卒業生にも新入生にも蔓延していました。実験室を見ると使える実験器具は皆無に近く、暗幕は触るとボロボロに崩れる始末。私の転勤早々の仕事は「不要な実験道具の確認と廃棄」「暗幕等の実験室の修理と整備」、そして「何もない」状態になった実験器具の購入でした。この時、緊急に膨大な金額の予算措置をしてくれた管理職には感謝しています。

同時展開授業が多いため全ての物理授業は物理実験室で行うことになっていました。この実験室のテーブルは次ページの図のようになっていたので生徒たちは正面を向くことができず、六五

28　ワンウェイ授業とベテランは悪者？

分間の授業を聞くのが辛い形でした。

この現実に対して私の戦略は次のようなものでした。緊急対応で揃えた大きな実験機器を利用して当分は演示実験中心で対応する。「進度向上」と「成績向上」のためにすでに使いこなしていたパワポ＆プロジェクターを利用し、「板書・ノートなし」として「問題演習時間を増加」する。居眠り防止には「キャリア教育」で自信を得ていたグループワークを活用する。ここまでくると最初から生徒が向かい合って着席する実験台（テーブル席）はむしろ最適の形に思えてきました。さらに。『学びあい（西川純）』を真似て〈説明なし〉を取り入れようと提案したところ生徒たちからは「説明ないとムリ！」「パワポ＆プロジェクター大好き、やめないで！」と大ブーイング。やむなく短時間説明を残しました。「学びあい」も取り入れたかったのですが移動ができない実験台しかない物理実験室では「コの字型」も「四人組」もできず、男女比の大きな偏りは「市松模様の配列」も不可能でした。

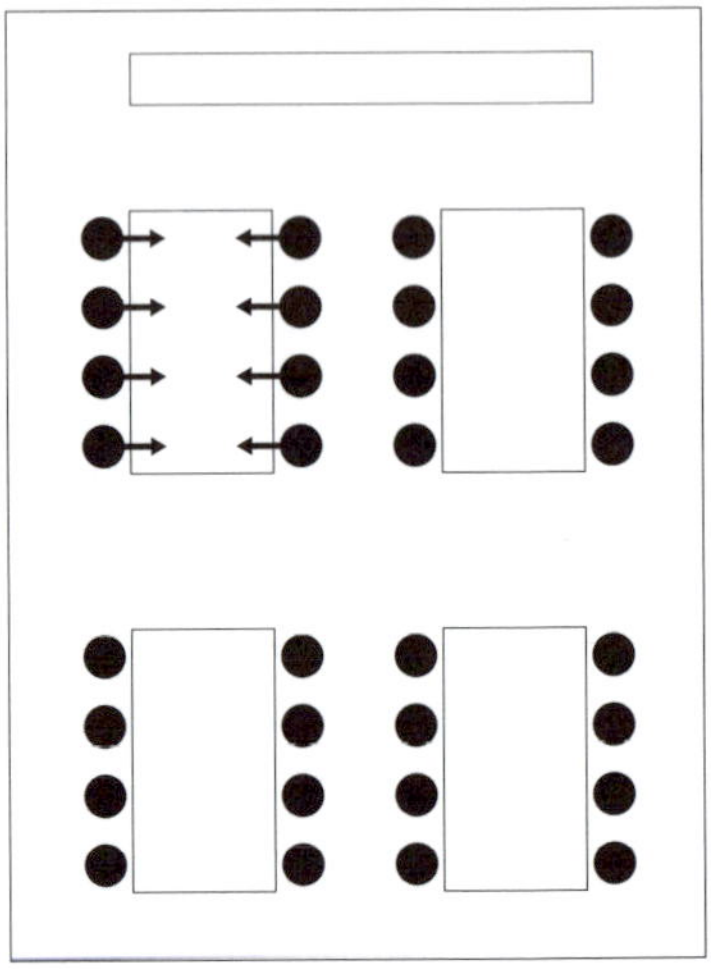

要するに私がやっていたことは①現場の状況に合わせて、②自分の強みを活かして、③生徒の声も聞きながら、「居眠り解消、成績向上、進度向上」の目標達成に向けて取り組んでいただけです。皆さんもペアワークやグループワークそのものを目的化することなく、現場に合わせた「授業改善」を進めて欲しいものです。

ベテラン教員は悪者？

「全員一丸となって授業改善に取り組む」という言葉がしばしば登場します。その学校の管理職などの立場にある人がよく以下のように発言します。「若い先生たちは熱心にグループワーク等に取り組んでいます。しかし、ベテランはどうも…。もう彼らには期待していません。早く退職していただきたいと思います」。これは自ら「全員一丸」を否定しています。そんな目で見られていることをベテランも当然感じます。そうすると「俺たちは見捨てられているからね」と嘯き、若い人たちに「期待されているあんたたちがどれほどのことをやるのか、見せてもらおうか」と冷ややかに眺めることになりかねないからです。

この管理職の考え方も「演繹的思考」が原因と感じます。「理念を抽象的に理解」して現場を見ると「グループワーク」だけが気になるのでしょう。また「ダイバーシティー（多様性）」を重視する最近の組織論に対して、同質性にこだわる古典的な組織論を振り回している気もします。

しかし、私はベテランの経験は大きな宝だと思います。何十年も授業やっていると感覚が磨かれます。ひと目見ただけで「良い授業か悪い授業か」の違いは感じます。26節で述べた『「うちではできない言い訳」を瞬時にいくつでも思いつきます。』はベテランの違和感の現れです。うまく論理的には説明できないけれども、「あんな授業をうちでやったら生徒はついていけない」と直感的に感じているのです。その声に丁寧に耳を傾けると建設的な意見も出てくるものです。

ワンウェイ授業も悪者？

ダメな教員を指す時の言い方にこんな言い方もあります。「あの人はバリバリのワンウェイ授業ですから駄目なんですよ〜」。これも「全員一丸」を自ら崩壊させるものです。特に「ワンウェイ授業」と「学びの質」は直接にはつながりません。これを二つの視点から述べます。

一つはワンウェイの授業スキルは新しい授業の基礎スキルとして大切です。良く通る声で、笑顔で、生徒たちの顔を見ながら、わかりやすい文章で、すらすらと説明する…このような説明スキルはグループワーク導入の説明には不可欠だからです。グループワークがうまくいかない背景にはこの基礎スキルが不足していることがしばしばあります。ワンウェイ授業のうまい先生の説明を研究してみることをお勧めします。

二つには、ほぼワンウェイのままでも学びの質を高める方法があります。五十代六十代の先生たちから「長年ワンウェイ授業しかやったことがないけど、授業改善に取り組むにはどうすればいいですかね？」と質問されるたびに答えている方法です。これには三つの段階で進めます。

最初の段階です。完全にこれまで通りのワンウェイ授業です。変えるのは冒頭の説明だけです。以下のように説明します。「これまでみんなは私の説明を鵜《う》呑《の》みにしてノートしてきたと思うけど、今日は鵜呑みにしないでください。聞いていて『あれ？この漢字何て読むの？』『この地名どこ？』…などとひっかかったところにアンダーラインやクエスチョンマークを付けながらノートしてください。授業後に友だちと質問したり教えたり、一緒に調べてください」

これだけで居眠りが激減し生徒たちは前向きになります。これはＮＨＫ Ｅテレ「ニューベンゼミ」で高校生向けに紹介しました。スタジオ収録前に出演する高校生タレントさんたちにワンウェイの日本史の授業を受けてもらいました。ノートを見ると「?」がいっぱい。感想は「面白かった」「眠くなかった」「嫌いな日本史が好きになった」などと好評でした。※

第二段階です。五分か一〇分早めに説明を終えます。そうすると授業中に友だち同士の対話的な学びをさせることができ、質疑応答やリフレクションカードを書く時間もとれます。一〇分短縮は簡単です。無駄な繰り返しや、「あー」「うー」や、思いつきの昔話や自慢話をやめるだけです。

第三段階はワンウェイ時間を一五分程度にすることです。「説明（一五分）→生徒同士で教えあい・質問を考える（二分）→質疑応答（三分）」を二セット繰り返します。五〇分授業なら補足やリフレクションカードを書かせる余裕もあります。一五分間の説明は生徒の集中力をさらに向上させ定着率もあがります。これを実現するには五〇分で行っていた説明を三〇分に短縮する工夫が必要です。第一、第二段階で成功したら、ＫＰ法や「パワポ＆プロジェクター」などにチャレンジして欲しいものです。

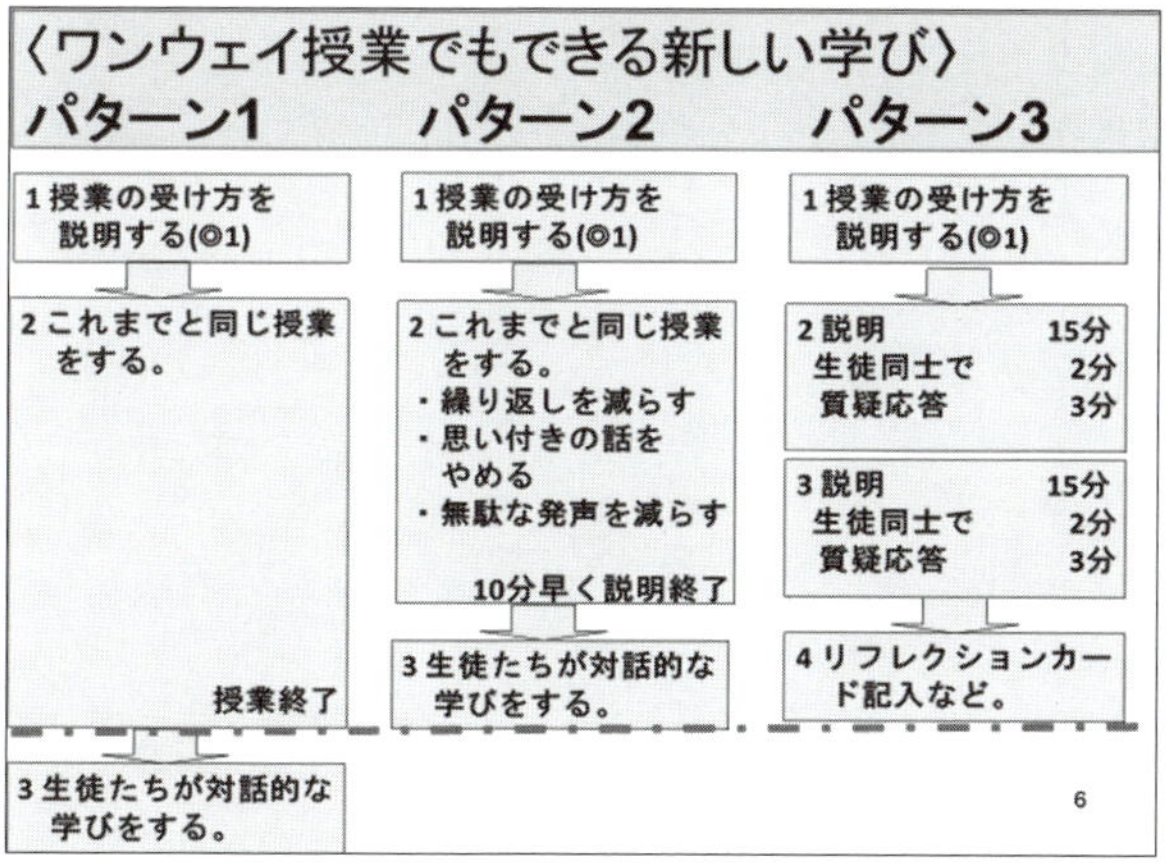

〈ワンウェイ授業でもできる新しい学び〉
パターン1
1 授業の受け方を説明する(◎1)
2 これまでと同じ授業をする。
授業終了
3 生徒たちが対話的な学びをする。
パターン2
1 授業の受け方を説明する(◎1)
2 これまでと同じ授業をする。
・繰り返しを減らす
・思い付きの話をやめる
・無駄な発声を減らす
10分早く説明終了
3 生徒たちが対話的な学びをする。
パターン3
1 授業の受け方を説明する(◎1)
2 説明 15分 生徒同士で 2分 質疑応答 3分
3 説明 15分 生徒同士で 2分 質疑応答 3分
4 リフレクションカード記入など。
6

※テストの花道ニューベンゼミ「成績がアップする“質問力”の鍛え方！」（2017年5月8日放送）

29 「一〇〇年人生」と授業改善

ライフ・シフトの最重要要点は「変身資産」

リンダ・グラットン氏の『LIFE SHIFT ~100年時代の人生戦略~』(二〇一六年、東洋経済新報社)は発売以来ベストセラーに君臨し続けています。グラットン氏は日本政府の「人づくり革命」の有識者会議「人生100年時代構想会議」に有識者としても招かれています。ただ、残念なことに私が研修会講師で招かれた学校で読んだ人を尋ねると一人か二人の手が挙がる程度です。しかし、この本の内容は授業改善に直面する先生たちにぜひとも読んでいただきたい内容が多く含まれています。ここでは、それに触れることにします。

まず「一〇〇年人生」によって人生が、これまでの「スリーステージ」の人生から「マルチステージ」の人生に転換すると言います。この変化があるからこれまでの「人生戦略」を変えるべきだということです。スリーステージとは「教育を受ける→仕事をする→退職後の人生」です。私流に補足すると三番目は「退職後すぐに死んでしまう」から良かったのです。これがなかなか死ななくってきた。一〇〇歳まで生きるのには八〇歳くらいまでは働かなくてはならなくなってきた。ということは「仕事をする」ステージが延びるということです。ただ、時間的に延びるだけではなく、時代の変化の速度も加速しているので、仕事の仕方も変動することになります。

具体的には「転職は当たり前」になりますし、「社員が起業して社長に転身する」こともあるし、「大学や大学院で学ぶ」こともあります。一時的に「主夫・主婦として家庭に入る」こともあるでしょう。中には「世界を放浪」したり、「ボランティア活動に専念する」こともあるでしょう。そんな変化が当たり前になる人生を「マルチステージ」と言います。

そのマルチステージを生き抜く人生戦略に必要なのはまずは「有形資産」と「無形資産」です。「有形資産」とはお金や家屋などのことですが、グラットンは「無形資産のほうが大事」と言います。その無形資産は「生産性資産」「活力資産」「変身資産」の三つです。「生産性資産」とは働いてお金を得ることができる知識・スキルのことです。時代の変動が早いので常に更新し続けることが必要です。「活力資産」は身体と心の健康のことです。食事の仕方や運動・喫煙と趣味の生活や気分転換の仕方などに気をつけるべきです。そして最も重要なのが「変身資産」なのです。

「変身資産」とはマルチステージを生き抜くのに必要な「アイデンティティーの変化に対する柔軟性と積極性」のことです。「転職」によって会社が変われば仕事や立場が変わります。必要になるスキルも変わります。社員・社長・学生・主婦（主夫）などの変化はもっと大きなギャップになります。これが大事だというのです。

変身資産の重要性は以前から言われていた

キャリア発達理論の世界ではこのことは以前から指摘されていました。バウンダリーレス・キャリア、トランジション理論などの理論が提唱され、「プロテウスのように変幻自在なキャリア形成が必要だ（ダグラス・ホール）」と言われていました。また、アイデンティティーの頑《かたく》なさが「生きづらさ」や「転職困難」を招いているとも言われています。例えば会計業務の経験のある人はハローワークで他の職種の求人票に見向きもしないので仕事に就けないとか、退職後も「校長」「センセイ」の気分が抜けない老人が周囲から浮いてしまうといったことです。

これらの概念を「一〇〇年時代を生き抜く人生戦略」「変身資産」などのわかりやすい表現にまとめてくれたところにも、この本『LIFE SHIFT ～100年時代の人生戦略～』の価値があります。

授業改善への挑戦は変身資産を蓄える

「変身資産が必要と言われても何ができるのか？」「教員として仕事をし続けていたらアイデンティティーの変化など起きないではないか」と反論がありそうですが、そうではないのです。授業改善を進めると「教師の仕事をしながら変身資産を蓄えることができる」のです。

これは私自身が体験してきたことです。三五歳で「荒れる学校」の教員になり、空手家としての体験を生かして（？）教壇に立っていた時の私は「生徒を黙らせる」「大声で話して生徒を寝かせない」「寝ている生徒は怒鳴って起こす」…ことをしていました。生徒を管理・コントロールして、従順な生徒に高い評価をつけます。工業化社会における典型的な教員でした。

その私が「居眠り解消」を推し進め、「成績向上」「進学実績向上」「選択者倍増」などのさらに高いハードルを超えようして「短時間解説」「板書・ノートなし」「長時間のグループワーク」「質問で介入」「みんな満点の確認テスト」「リフレクションカードを書かせる」などを行う授業を始めました。やってみると「大声より、普通の声で繰り返しなしの説明のほうが生徒たちの集中力が上がる」「怖い顔しているより笑顔のほうが生徒の対話が盛んになる」「教壇にいるよりフロアで解説し、批判・禁止・命令より質問で介入してメタ認知を促すほうが生徒の変容は早くなる」…などがわかってきました。

この活動は私の授業観・生徒観・人間観を大きく変えました。定年退職後に研修会講師を続けていますが、ワンウェイで話し続けることはほとんどありません。その結果、「一人も寝なかった研修会は珍しい」「本校の研修会でこんなに質問が出たのは初めてです」などと言われることになりました。継続して呼んでいただくことも増加しました。つまり、高校物理授業改善が私の「変身資産」を高めて、大人向けの研修会講師としての腕を上げることになったということです。毎日仕事として実践していた授業を工夫し続けていただけでできたということです。

そう考えると、学校の先生たちにとって授業改善は大きなチャンスです。毎日の仕事を考え方ややり方を工夫していくことで、目の前の仕事としての授業改善を達成するとともに、転退職後の仕事や生き方に向けての「変身資産」を蓄えることになるからです。皆さんのますますの健闘を祈ります。

あとがき

前作「アクティブラーニング入門2」の「あとがき」には「入門3は一年以内に上梓《じょうし》します」と書いたのですが、結局二年もかかってしまいました。多くの読者の皆さんの期待を裏切り、長らくお待たせしてしまったことをお詫《わ》びします。

時間がかかった理由は二つあります。一つは単に「研究授業と振り返り会の解説を書く」のではなく、「主体的・対話的で深い学びの実現」を目指す授業スキルとの関連を織り込もうとして構成や文章を工夫するのに時間がかかったことにあります。これにこだわった理由は読者の皆さんが「振り返り会」や「授業見学週間（互見週間）」などをリードする時の考え方やスキルが「新しい授業」を実践する時のそれらと共通しているべきだと考えているからです。

それにより、新しい授業のスキルを上げることが授業改善運動リーダーのスキル向上になり、リーダーとしての活動そのものが新しい授業スキルを磨くしくみにしたいのです。

このように一見別々のことのように見える事柄を有機的に「つなげて」考える見方が最近ますます必要になってきていると感じています。例えば教科で新しい授業をある程度実践できるようになってきた先生たちから次のような悩みを聞くことが増えてきました。「色々なクラスでうまくいくようになってきたのに、特定のクラスだけでうまくいかない」「自分が担任しているクラスではうまくいかない」という悩みです。

前者はそのクラス担任が「怖い」時です。後者は授業者としては「自由に話し合ってね」と言いたいものの、担任としては「服装をちゃんとしなさい」「遅刻をするな」などと指導している手前、なかなか言いにくいということです。学校の規律が乱れそうな不安を感じるということです。

私はこれらを「担任スキル（生徒指導スキル）」と「授業者スキル」の矛盾が激化しているととらえています。この矛盾を抱えたままでは教師としても自己分裂を起こすことになりますし、生徒も先生たちの二面性に振り回されることになります。いずれ、この問題の理論的構造の解明と解決策をお伝えできるようにしようと思っています。


完成が遅れたもう一つの理由は秘書の山田香織（本名・神田香織）さんが二〇一八年一一月一九日に亡くなったことのショックでした。私事ではありますが、読者の皆さんの中には研修会講師の日程調整などで山田さんとメールや電話でやりとりした方も少なくないので、ここでお伝えし哀悼の意を記します。二〇一四年の秋、私が多忙を極めていた時、パートタイマーで働いていた山田さんに秘書を兼務してもらったのが出会いでした。彼女はそれ以前に癌《がん》を患っていましたが、回復して仕事に復帰したところでした。

彼女はそんなことは微塵《みじん》も感じさせない元気さで仕事と大好きなバスケットボールの練習や試合に打ち込んでいました。私のスケジュール調整、電話やメールの対応、経理の処理、ホームページの作成と運用…さらには、私の愚痴を聞いてくれ、時々は食事やお酒にも付き合ってくれました。しばらくしてご結婚され、それは私にとっても大きな喜びでした。

しかし、その後、癌が再発。抗がん剤治療の繰り返し。最後まで未来をあきらめなかった山田さんの闘病姿勢は立派でした。彼女の死後、大きなショックを受けた私は一時不眠に悩まされ気力も萎え、原稿も停滞しました。今は皆さんの励ましのおかげで元気を取り戻しつつあります。生前の山田さんと色々なやりとりをしてくださった皆様にこの場を借りてお礼申し上げます。

三五歳でようやく定職に就き、大学院にも行かず、管理職にもならず、ヒラの教諭として二五年間活動してきた私が大学教授になり、研修会の講師として全国に呼ばれ、多くの著作を上梓させていただき、六七歳になりました。実にありがたく幸せな人生です。来年（二〇二〇年）三月には大学教授職を退く予定です。ひと昔前なら「これでめでたく引退」なのだと思います。

しかし、有難いことに来年度以降の講師などの依頼もあります。私自身が継続して研究したいこともあります。来年度以降の立場は現時点では全くの白紙ですが、何らかの形で授業改善運動に関わりたいと思っています。「一〇〇年人生」を楽しむためにも、知識・スキルを更新し続けて「生産性資産」を高め、節制とトレーニングを続けて「活力資産」を高め、アイデンティティーの変化に対して積極的かつ柔軟に対応する「変身資産」を維持し続けていきたいものです。皆さんの健闘をお祈りし、次にまたお会いすることを楽しみにしています。

最後になりましたが、時々筆が止まる私を支援し続けてくださった産業能率大学出版部の坂本清隆さんに心からお礼申し上げます。

二〇一九年八月

小林　昭文

著者略歴

小林　昭文（こばやし　あきふみ）

埼玉大学理工学部物理学科卒業。空手のプロを経て埼玉県立高校教諭として25年間勤務して2013年3月に定年退職。

高校教諭として在職中に、カウンセリング、コーチング、エンカウンターグループ、メンタリング、アクションラーニングなどを学び、それらを応用して高校物理授業をアクティブラーニング型授業として開発し成果を上げた。

退職後、河合塾教育研究開発機構研究員（2013年4月～）、産業能率大学経営学部教授（2014年4月～）などの立場で実践・研究しつつ、年間100回前後のペースで高校などの研修会講師を務めている。

E-mail : akikb2@hotmail.com

アクティブラーニング入門3
── 現状を変える「振り返り会」で授業改善を進める ──　〈検印廃止〉

著　者　小林 昭文
発行者　杉浦 斉
発行所　産業能率大学出版部
東京都世田谷区等々力 6-39-15　〒158-8630
（電話）03（6432）2536
（FAX）03（6432）2537
（振替口座）00100-2-112912

2019年　9月30日　初版1刷発行

印刷所　日経印刷　製本所　日経印刷

（落丁・乱丁はお取り替えいたします）　ISBN 978-4-382-05774-6